I0797486

BIBLIOTHÈQUE DU XVIIe SIÈCLE
sous la direction de Delphine Denis et Christian Biet
26

Série *Littérature, libertinage et spiritualité*
dirigée par Sophie Houdard
4

Priapées

Ouvrage publié avec le soutien du CSLF
(Centre des sciences des littératures en langue française)
de l'université Paris – Nanterre

François Mainard

Priapées

Édition critique par Guillaume Peureux

PARIS
CLASSIQUES GARNIER
2018

Guillaume Peureux, professeur à l'université de Paris – Nanterre, est spécialiste de la littérature française du XVIIe siècle, notamment de la poésie et du théâtre. Il est ainsi l'auteur de *La Fabrique du vers* (Paris, 2009) et de *La Muse satyrique, 1600-1622* (Genève, 2015), et a édité avec Bénédicte Louvat-Mozolay *Les Amours tragiques de Pyrame et Thisbée* de Théophile de Viau (Paris, 2015).

ISBN 978-2-406-06267-7 (livre broché)
ISBN 978-2-406-06268-4 (livre relié)
ISSN 2105-9527

INTRODUCTION

Publiées en 1864 à « Freetown », à l'imprimerie de la « Bibliomaniac Society[1] », et à la fin du XIXe siècle par Auguste Poulet-Malassis[2], ou reprises dans une curieuse anthologie en 1914 intitulée *L'Œuvre priapique des anciens et des modernes*[3], dans la collection des « maîtres de l'amour », les *Priapées* de François Mainard (1583-1646) ont bénéficié d'une réputation sulfureuse entretenue dans les milieux bibliophiliques férus de facéties et de grivoiseries satyriques. Cette réputation s'est même étendue jusque sur Internet où certains des poèmes de cet ensemble se trouvent désormais très facilement.

Mais on ne connaît pas d'édition au XVIIe siècle de ces *Priapées* et celles qui viennent d'être mentionnées sont évidemment tardives, mais aussi partielles, parfois fautives et peu soucieuses des textes – de leur histoire matérielle en particulier, mais également de leur véritable portée et de leur fonctionnement dans le recueil dont ils font partie. Restées manuscrites en leur temps, c'est-à-dire sur des supports destinés à des publications contrôlées, et vouées à une diffusion mesurée, puis publiées dans des contextes présentés comme interlopes ou marginaux, les *Priapées* sont donc désignées par l'histoire de leurs publications comme un corpus qu'on imagine choquant ou blasphématoire. Or malgré l'intense activité scientifique consacrée au libertinage au cours des vingt dernières années, elles n'ont pas fait l'objet d'études qui les auraient rattachées à un ensemble de discours satyriques et libertins.

1 *Priapées de Mainard. Publiées pour la première fois d'après les manuscrits, et suivies de quelques pièces analogues du même auteur, extraites de différents recueils*, Freetown, Imprimerie de la Bibliomaniac Society, 1864.

2 *Le Caleçon des coquettes du jour suivi des Priapées de Mainard*, Bruxelles, Successeur du Poulet Mal assis, s. d.

3 *L'Œuvre priapique des anciens et des modernes. « Priapeia », traduit pour la première fois ; « L'Hermaphrodite », de Panormita ; « L'Hecatelegium », de Pacifico Massimi, extraits ; « Priapées », de Mainard [...]*, Paris, Bibliothèque des curieux, « Les maîtres de l'amour » 1914.

ÉLÉMENTS BIOGRAPHIQUES

La biographie publiée chez Champion en 1909 par Charles Drouhet, *Le Poète François Maynard (1583 ?-1646). Étude critique d'histoire littéraire*[4], est une mine d'informations. Cependant, cet immense travail cède parfois à la spéculation pour combler certaines lacunes de la connaissance ou bien par réflexe propre aux grands récits de l'histoire littéraire[5]. Cet aspect du discours biographique de Drouhet sur Mainard le mène à soumettre toute la carrière professionnelle de ce dernier à la seule dynamique qui l'aurait mû : la poésie. Tout se passe comme si Mainard avait été une sorte de poète dans l'âme entièrement étranger à la matérialité du monde, à toute ambition autre que littéraire, à toute carrière professionnelle, etc. Ses séjours parisiens sont ainsi présentés comme destinés à lui faire rencontrer des poètes (p. 32) : Drouhet explique ainsi qu'« il [Mainard] avait débarqué à Paris, le cœur gonflé d'espoirs et la tête bouillante de projets enchanteurs » (p. 90), etc. De même, le poète aurait vendu sa charge de président du Présidial d'Aurillac en 1628 pour pouvoir mieux se consacrer à l'écriture et à la recherche de protecteur (p. 188). On peut toutefois s'interroger : voulut-il vraiment tenter de devenir poète professionnel, à l'âge de 46 ans ? On peut sérieusement en douter. Par ailleurs, Drouhet considère que les vers qu'il lit, de Mainard ou d'autres auteurs, mais également les lettres de la correspondance de ce dernier, sont des discours de vérité, ce qui ne laisse pas de poser quelques difficultés : il ne distingue pas ce qui pourrait avoir une fonction de relation authentique et ce qui est de l'ordre de la représentation, et néglige le fait que *Les Lettres du Président Mainard* (Paris, T. Quinet, 1652) sont

4 Paris, Champion, 1909. Voir également Paul Durand-Lapie et Frédéric Lachèvre, *Deux Homonymes du* XVII*e* *siècle : François Maynard, président au Présidial d'Aurillac, membre de l'Académie Française ; et François Ménard, avocat à la cour de Parlement de Toulouse et au présidial de Nîmes. Étude bibliographique*, Paris, Champion, 1899 ; et F. Lachèvre, *M. Charles Drouhet et le problème des deux Maynard*, Paris, Champion, 1910.

5 Voir dans *Le Poète François Maynard (1583 ?-1646)…*, *op. cit.*, p. 159-169, la description fantasmée du monde des cabarets ; on la retrouve amplifiée chez Ferdinand Gohin qui se laisse à imaginer Mainard dans les cabarets se livrant parmi ses camarades de beuveries et de provocations verbales à des « improvisations » (*Poésies. Recueil de 1646 et choix de divers autres recueils*, éd. F. Gohin, Paris, Classiques Garnier, 1927, p. VI). Il n'y a rien dans ce récit qui ait une quelconque véracité démontrée.

un choix de lettres, édité par Jean-Jacques De Flotte, ami d'enfance de Mainard. Les textes sont-ils intégralement et fidèlement reproduits ? Quelles lettres ont-elles été supprimées ou pour quels motifs ? Nous ne possédons pas les textes des correspondants, etc.

Né à la fin de 1582, peut-être au début de 1583, à Toulouse, fils de Anne d'Hujols et de Géraud de Mainard, châtelain de Saint-Céré dans le Quercy puis conseiller à la chambre des requêtes au Parlement de Toulouse, François Mainard a étudié le droit à Toulouse. C'est là qu'il s'est lié à la famille des De Flotte et en particulier à Jean-Jacques, qu'il commença à fréquenter chez les Pénitents bleus[6]. Il faut souligner que le fait de participer aux activités de cette confrérie puis en payer la cotisation ne peut pas davantage s'interpréter comme une marque de spiritualité profonde que comme une appartenance sociale locale, une inscription opportune dans un réseau de proximité. Il semble qu'il ait fait partie du train royal en 1605-1606, lorsque Henri IV se rendit dans le Quercy. À la suite de cela, il fut nommé « secrétaire des commandements et de la musique » de Marguerite de Valois. Il conserva ce titre jusqu'à son départ de Paris en 1612.

Au cours de cette période, il se fit un réseau de connaissances parmi lesquelles des hommes de lettres, dont Malherbe, Bertaud, Desportes, Motin. Avocat au Parlement de Paris dès 1607 (année où ses premiers vers imprimés parurent dans *Parnasse des plus excellents poètes de ce temps*[7], au côté de ceux de Malherbe, sur un sujet et selon un traitement métriques similaires), il était docteur et avocat. Il prêta serment en 1612 devant le Parlement de Paris et résida ensuite surtout à Aurillac où il avait été nommé président au Présidial. Il tint cette charge jusqu'en 1628, lorsqu'il la vendit. Il semble que ce fut à contrecœur qu'il quitta provisoirement la France et se rendit à Rome en 1635 pour rejoindre le comte François de Noailles qui y séjournait en ambassade. Il n'est pas anodin que la plupart des biens des Noailles se trouvaient dans la vicomté de Turenne, à laquelle appartient Saint-Céré. Si les compétences de l'homme de lettres et du juriste étaient sollicitées, il n'en reste pas moins qu'on retrouvait dans ce séjour des échos à une dépendance locale. Au retour de cette mission, une brouille violente eut lieu : tombé dans une forme de disgrâce auprès de Richelieu, Noailles tint Mainard pour responsable, le

6 Voir Jean-Pierre Lassalle, « Quelques découvertes sur les Mainard et les Flotte », *Cahiers Mainard*, n. 8, 1978, p. 39-59.

7 Paris, M. Guillemot.

menaça de mort et lui interdit de se rendre à Paris sous peine de subir sa vengeance. Richelieu, pourtant, n'était guère favorable à Mainard. Celui-ci ne retourna cependant plus à Paris pendant trois ans, tandis que sa femme, Gaillarde Boyer, était malade ; mais il semble qu'il y fit de nouveau des séjours à partir de 1642, date de la mort de Richelieu.

Entre temps, un petit recueil de poésies, les *Pièces nouvelles*, parut sous son nom en 1638 à Toulouse, chez Arnaud Colomiez[8]. Mainard écrit à ce propos :

> ces misérables vers que mes amis avaient fait imprimer à Toulouse sont tombés entre les mains de Ferragus ; le regret que j'en ai me fait malade et me porte à pester contre l'opiniâtreté de mon esprit qui a tenu bon trop longtemps contre les légitimes sentiments du vôtre[9].

Le privilège des *Œuvres* de 1646[10] signale qu'« il a ci-devant été imprimé quelques œuvres dudit Sieur Mainard sans son contentement, ou avec tant de fautes qu'il les méconnaît presque tant elles sont dépravées[11] ». Il pourrait donc s'agir d'un recueil non autorisé, mais il semble surtout que Richelieu (désigné souvent par Mainard sous le pseudonyme de Ferragus) les critiqua et fit sentir au poète le remords d'avoir cédé à la pression de ses amis qui auraient encouragé cette publication contre l'avis de J.-F. De Flotte.

Quoi qu'il en soit de cette affaire un peu confuse, elle témoigne de l'ancrage toulousain de Mainard et du fait qu'il était devenu une gloire locale, en raison même de sa reconnaissance parisienne[12]. La même année, Mainard était de surcroît nommé maître des Jeux Floraux[13] *in*

8 Ce livre reparut l'année suivante à Paris, chez A. Soubron.

9 *Les Lettres…*, *op. cit.*, lettre 215, p. 644.

10 Paris, A. Courbé.

11 *Ibid.*, p. 383.

12 Sur ce point précis, voir Isabelle Luciani, « Littérature et espace public : la mémoire négociée des Jeux floraux (XVIe siècle – première moitié du XVIIe siècle) », *Les Voix de la nymphe Aquitaine : écritures, langues et pouvoirs, 1550-1610*, dir. J.-F. Courouau J. Cubelier de Beynac et P. Gardy, Agen, Centre Matteo Bandello d'Agen, 2005, p. 239-258 ; et Jean-François Courouau, *Moun Lengatge bèl. Les choix linguistique minoritaires en France (1490-1660)*, Genève, Droz, « Cahiers d'Humanisme et Renaissance », 2008, p. 367-368. Courouau signale également que Mainard aurait été lié à l'Académie des Philarètes, présidée par Adrien Monluc, comte de Cramail (*ibid.*, p. 351-353), ce qui va bien dans le sens de cette reconnaissance locale dont bénéficiait le poète.

13 Sur les Jeux Floraux, voir Axel Duboul, *Les Deux Siècles de l'académie des jeux floraux*, Toulouse, Privat, 1901, 2 vol. ; Philippe-Vincent Poitevin-Peitavi, *Mémoire pour servir à*

absentia. On lui accorda un prix extraordinaire, doté d'une minerve d'argent qui ne lui fut jamais donnée[14]. Et l'année suivante, le Collège ou Consistoire du Gai Savoir (ensemble de figures locales et d'auteurs ayant une fonction majeure dans les Jeux floraux) l'agrège en son sein, sans qu'il semble avoir concouru pour cette admission[15]. Mainard était devenu une gloire régionale[16] dont l'appui de quelques amis contribua sans doute à provoquer ces trois événements conjoints.

Cinq ans plus tard, en 1644, le chancelier Séguier lui fit parvenir un brevet de Conseiller d'État qui lui conférait certains privilèges de la noblesse, à l'exclusion de sa transmissibilité. Entré aussi à l'Académie Française, à une date qui n'est pas connue (s'agit-il de la première vague ou plus vraisemblablement d'une vague ultérieure ?), il fit paraître un peu avant sa mort, en fin 1646, avec Marin le Roy de Gomberville dans la fonction d'éditeur, ses *Œuvres* en deux tirages, l'un dédicacé à Séguier, l'autre à Mazarin.

La carrière de Mainard, avec ses charges et ses fonctions, laisse apparaître un juriste et poète en quête de reconnaissance dans ses deux domaines d'expertise et dans ses deux principaux lieux d'action et de résidence, Paris et la province (entre Aurillac et Toulouse). Les récompenses obtenues à partir de 1639 témoignent d'un succès plutôt tardif de cette entreprise qui commença peut-être quand il se retrouva dans l'entourage de la reine Marguerite. Mais si ses réseaux parisiens et la belle édition de 1646 ne sont pas étrangers aux succès toulousains, il ne semble pas que Mainard ait tiré grand avantage de sa position à Aurillac, ni de son séjour romain. Il n'est peut-être pas invraisemblable que son ancrage provincial ait contribué à le freiner dans la carrière des lettres.

Par ailleurs, le libertinage de Mainard, épigrammatiste satyrique et auteurs de priapées, et le sens à donner à sa proximité avec des esprits forts constituent une ligne de force dans son existence. Pourtant cet aspect peu orthodoxe de sa vie est nettement sous-estimé par Drouhet. En effet, pour le biographe de Mainard,

---

l'histoire des jeux floraux, Toulouse, M.-J. Dalles, 1815 et Jean-Baptiste Dubédat, *Histoire du parlement de Toulouse*, A. Rousseau, 1885, 2 vol.

14 *Les Lettres...*, *op. cit.*, p. 644-645.

15 Drouhet, *Le Poète...*, *op. cit.*, p. 303-306.

16 Voir la citation du Président Philippe Gaubert de Caminade donnée par Drouhet (*Le Poète...*, *op. cit.*, p. 304), dans laquelle Mainard est notamment loué pour « ses mérites, naissance et rare savoir en la science de la poésie ».

> assagi par les tristes aventures de Théophile, le président continuera à rimer des gauloiseries, mais s'abstiendra désormais d'écrire des épigrammes qu'on puisse croire dirigées contre 'l'honneur de l'Eglise'. Son libertinage ne fut d'ailleurs qu'un feu de paille[17].

Pour en arriver à une telle conclusion, Drouhet se fonde sur plusieurs éléments qu'il semble tenir pour des preuves. D'une part, il s'appuie sur le fait que Viau mentionna Mainard dans sa « Prière aux poètes de ce temps[18] » en 1624, ce qui confirmait évidemment que ce dernier était lié au monde des recueils satyriques et plus précisément à celui des poètes poursuivis par le Président du Parlement de Paris, Mathieu Molé. Or l'auteur des *Priapées* s'abstint de manifester la moindre solidarité pour son confrère malheureux. D'autre part, Mainard fut cité avantageusement par l'ennemi des libertins, le jésuite François Garasse, qui dit de lui dans sa *Somme théologique* en 1625[19] : « Monsieur Mainard, aussi bon catholique que sage poète » puis ajouta, après avoir cité des vers de Mainard aux accents religieux, que « depuis deux ans », il « goûte s'il ne tient à lui dans ses afflictions bienheureuses les effets de la justice et de la Providence divine[20] ». Absence de soutien au poète libertin et citation à sa louange par l'ennemi de ce dernier, voilà qui ferait de Mainard un libertin rapidement repenti et dorénavant pieux personnage.

Pourtant, compte tenu des stratégies de prudence accrue et de dissimulation auxquelles étaient contraints les esprits forts en ce contexte de procès, il est envisageable que notre auteur ait préféré le silence et l'absence de solidarité publique au risque d'être incriminé en compagnie de Viau. Et par ailleurs, si les malherbiens (Malherbe lui-même, Racan et Mainard) donnèrent des textes à Garasse pour sa *Somme théologique*[21], il pouvait s'agit d'une opération éditoriale et commerciale fondée sur des réseaux d'hommes de lettres – chacun bénéficiait de cette pacification par la poésie, Garasse gagnait en légitimité littéraire et les poètes en

17 *Le Poète…*, *op. cit.*, p. 186.

18 Théophile de Viau, *Œuvres poétiques*, éd. G. Saba, Paris, Garnier, 1990, p. 295.

19 *La Somme théologique des vérités capitales de la religion chrétienne…*, Paris, S. Chappelet, 1625. Garasse est également l'auteur de *La Doctrine curieuse des beaux esprits de ce temps, ou prétendus tels, contenant plusieurs maximes pernicieuses à la religion, à l'Estat et aux bonnes mœurs, combattue et renversée par le P. François Garassus* (Paris, S. Chappelet, 1623), dans laquelle Mainard est totalement épargné, à la différence de certaines de ses connaissances, comme Guillaume Colletet ou Pierre Berthelot.

20 *La Somme théologique…*, *op. cit.*, p. 421-422.

21 Il les en remercie et leur rend hommage (*ibid.*, p. 73).

tranquillité. Rappelons que c'est Marin Le Roy de Gomberville, qui préparera l'édition des *Œuvres* (1646) de Mainard, qui avait permis la réconciliation de Guez de Balzac et de Garasse[22].

Dans certaines de ses lettres, Mainard rappelle à ses correspondants la prudence qui doit selon lui s'imposer à l'égard de la diffusion de certaines de ses épigrammes[23]. On soupçonne alors qu'il pratiquait une forme de dissimulation de ses productions – ce dont semble témoigner la publication exclusivement manuscrite des *Priapées*, qui pourrait avoir précisément été motivée par le souci d'en contrôler la diffusion, ce qui est d'autant plus crédible après le procès intenté à Viau. En outre, la sociabilité lettrée de Mainard indique que ses fréquentations étaient polarisées par des auteurs libertins : d'une part, De Flotte avait la réputation de beaucoup boire et d'écrire des vers bachiques, et, d'autre part, Colletet, Saint-Amant, Guez de Balzac, mais aussi Motin, Sigogne et d'autres poètes satyriques, firent partie de ses connaissances. Aussi, quoiqu'il soit très difficile de faire l'histoire de ce libertinage, de le saisir tant il était contraint à la prudence et à la dissimulation, on se doit, au contraire de ce que fit son biographe, de considérer Mainard comme un esprit fort et libre.

UNE FIGURE COMPLEXE D'AUTEUR

La posture auctoriale qui se dégage des écrits de Mainard est complexe. Elle ne laisse pas de faire apparaître des tensions ou des contradictions entre les divers aspects que met en avant le poète, ce qui n'est pas sans intérêt au regard de la composition de ses *Priapées*. C'est dans la correspondance de Mainard, où l'on découvre une partie de la préparation de l'édition de 1646 et l'évolution de certaines priapées, que l'on peut saisir le plus grand nombre d'informations : il y met sa poésie en discussion,

22 Voir Christian Jouhaud, « La méthode de François Garasse », *Les Jésuites à l'âge baroque. 1540-1640*, éd. L. Giard et L. de Vaucelles, Grenoble, J. Millon, « Histoire des jésuites de la Renaissance aux Lumières », 1996, p. 243-260 ; et Mathilde Bombart, *Guez de Balzac et la querelle des lettres. Écriture, polémique et critique dans la France du premier* XVIIe *siècle*, Paris, Champion, « Lumière classique », 2007, p. 186.

23 Par exemple la lettre 274 (*Les Lettres…*, *op. cit.*, p. 838-839).

la soumet au jugement critique de ses divers correspondants et sollicite leurs corrections, au nom en particulier d'une représentation de lui-même en auteur vieilli, provincial, dépassé par les changements poétiques et linguistiques du temps. Mais il lui arrive aussi de mettre en discussion et de contester les modifications qu'on lui soumet. Il se fonde alors sur des positions fortes, inspirées notamment de la poétique malherbienne.

Dans une lettre adressée à Pressac[24], dans laquelle il se plaint que ce dernier ne lui écrit plus, Mainard conclut un développement sur son sentiment d'être humilié en invitant son correspondant à « exercer [sa] critique » sur les vers suivants, extraits d'une ode adressée à monsieur De Flotte :

> Je n'ai que trop médité
> Sur l'épigramme et sur l'ode,
> Mon nom en est maltraité
> Des écrivains à la mode.
> S'il faut croire à leurs avis,
> Les maîtres que j'ai suivis
> Sont indignes de mémoire ;
> Les Malherbe, les Bertaux,
> Ont laissé toute leur gloire
> Dans le siècle des courtaux[25].

Certains éléments essentiels de sa posture auctoriale sont réunis dans cette strophe : fidélité malherbienne, humilité au regard de la nouvelle modernité, ouverture aux corrections que proposait Pressac. L'hommage rendu à Malherbe et Bertaut rappelle que Mainard se considère comme un disciple du poète caenais, ce qui aurait pour effet de rendre son écriture caduque et rustre puisque rattachée au « siècle des courtaux », au regard des nouveaux critères linguistiques et poétiques des « écrivains à la mode ». La légitimité malherbienne serait anéantie par le temps qui peu à peu la frappe d'obsolescence, et avec elle, une conception de l'écriture et de la langue qui engage en particulier les notions de lent et minutieux travail du vers, de murissement du discours par une activité qui s'apparente à un artisanat perfectionniste jusqu'au risque de l'inachèvement des textes.

---

24 Il s'agit d'Etienne de Malenfant, sieur de Pressac, greffier du parlement de Toulouse.

25 *Les Lettres...*, *op. cit.*, lettre 140, p. 390. Ed. 1646, p. 279 (avec de menues variantes) et éd. Gohin, p. 153.

Par ailleurs, appartenant à une génération de poètes plus ancienne que celles des jeunes auteurs des années 1630 et 1640, et de surcroît gascon, Mainard présente sa position au regard de la langue et de la poésie comme fortement affaiblie parce que supposée sensiblement archaïque et provinciale – ce qui fait que De Flotte, quoique du même âge que le poète, puisse être considéré par lui comme un bon juge de ses vers : il résidait à Paris. Mainard pouvait donc lui écrire : « je vous ai toujours dit que le siècle était trop délicat pour un bonhomme comme moi[26] », la délicatesse étant autant affaire de temps que d'origines géographiques. Et il lui arrivait aussi de déclarer à ses correspondants qu'il n'avait jamais écrit que selon « [s]a grammaire gasconne[27] ». Pures représentations destinées à construire sa figure d'auteur particulière, ou croyances plus ou moins intériorisées selon lesquelles sa manière de parler et d'écrire serait restée figée dans des états anciens et résolument gascons, ces déclarations s'accordent parfaitement avec l'aide et les avis que Mainard attend de ses correspondants : soit disant incapable de suivre les évolutions linguistiques récentes, il légitimait ainsi sa posture auprès de ses relecteurs tout en éclairant ses appartenances multiples, toulousaines et parisiennes, en particulier.

Toutefois, en tension avec le discours majoritaire de soumission aux corrections apportées par ses correspondants, le malherbien resurgit ponctuellement, minutieux défenseur d'une certaine idée de la langue. L'orgueil du poète le conduit alors à contester certains avis qu'il a pourtant sollicités et à défendre alors âprement ses textes et ses choix linguistiques au nom de principes malherbiens. Même son ami et « maître » en poésie monsieur De Flotte se voit contesté :

> Je vous ai protesté il y a longtemps que votre jugement est le guide du mien, et que sans disputer contre vous, je condamne généralement tout ce que vous n'approuvez pas. Si je n'avais cet esprit d'obéissance, et si j'étais amoureux de mes productions comme le reste des auteurs du siècle, je contredirais la plupart des dernières corrections que vous m'avez envoyées et ferais banqueroute à ma docilité. Je vous avoue que je ne puis deviner pourquoi vous rejetez un quatrain qui me serait adorable s'il venait d'un autre que moi, j'entends parler de celui qui dit :

26 *Ibid.*, lettre 159, p. 459.

27 *Ibid.*, lettre 262, p. 799 ; voir aussi, par exemple, p. 357 et 424 ; mais aussi le dizain « Que les écrivains de France… » (éd. 1646, p. 119 et éd. Gohin, p. 82).

> *Et dans le monde raffiné*
> *D'où vient le blâme et la gloire,*
> *C'est un malheur que d'être né*
> *Au-deçà des rives de Loire.*
>
> Pensez-y, mon cher maître, et prenez garde que ce terme de *monde raffiné* n'est pas si mauvais que vous le faites[28].

Par un procédé de mise en abyme qui met en relief l'enjeu véritable du désaccord, c'est-à-dire le fait d'être né au sud de la Loire, Mainard souligne que le nouveau « monde raffiné » qui régenterait et la langue et les vers, auquel il n'appartiendrait pas, lui semble être une autorité trop puissante et malgré tout contestable.

Au croisement de l'influence malherbienne et de la nécessaire collaboration avec des experts modernes, on retrouve dans le discours de Mainard sur la poésie une conception artisanale de l'écriture en vers et de la lecture critique, entendue comme interventionniste :

> La dernière lettre que je vous ai écrite, dit-il à De Flotte, vous témoigne assez que je me soumets absolument à votre censure, et que je ne veux rien disputer contre vos sentiments. Je vous ai protesté que c'est principalement pour vous plaire, que je me suis remis dans un métier que j'avais laissé, et que je ne prétendais pas être poète du roi, mais le vôtre ; faites de toute ma poésie, ce que vous voudrez, taillez, coupez, je vous jure que vous disposez de votre bien[29].

Les métaphores mobilisées pour désigner le travail critique (« taillez, coupez »), font de la poésie une activité légèrement dégradée, presque un bricolage, entre jardinage et couture. Comme Malherbe, Mainard tient la poésie pour peu de choses au point de ne pas juger indispensable de la faire imprimer. Il paraît difficile de croire Gomberville lorsqu'il dit dans la préface des *Œuvres* de 1646 : « non seulement je l'ai fait consentir à leur impression, mais je l'ai contraint de les avouer en les publiant lui-même[30] » ? Son propos relaie des lieux communs du discours d'éditeur qui prétend avoir dû arracher à l'auteur son œuvre. Mais cela sonne juste au regard des positions tenues par Mainard : on ne peut arrêter un poème, c'est-à-dire l'achever, en interrompre l'écriture, tant il est toujours possible de l'améliorer. Au sujet de vers qu'il soumet à Pressac

28 *Ibid.*, lettre 214, p. 638-639.

29 *Ibid.*, lettre 126, p. 347. Voir aussi, par exemple, p. 811.

30 Ed. 1646, p. 12 et éd. Gohin, p. 7.

après les avoir retravaillés sous le conseil de monsieur De Flotte, Mainard affirme ainsi : « il est des bons vers comme de l'or, la longueur du temps les achève[31]. » Il ne sert à rien de presser le passage à la publication, *a fortiori* imprimée. Toute la vanité de l'entreprise poétique ressort, puisqu'elle est inutile et doit être infiniment reprise.

Il est dès lors logique que l'auteur des *Priapées* conteste les manières d'écrire de ceux qu'il nomme les « modernes éloquents[32] ». Ils ne cherchent pas, comme lui prétend le faire, « la plus régulière justesse[33] » et, si on le croit, il ne pouvait « s'empêcher de rire[34] » quand il lisait ses jeunes contemporains « qui veulent usurper le titre de bons poètes, [mais] ne se piquent que d'écrire des vers ampoulés et qui ont un fard qui corrompt la pureté de notre langue[35]. » On s'y perdrait : qui parle et écrit le pur français ? les poètes qui se moquent de lui, qu'il méprise et auxquels il tente pourtant de se conformer avec l'aide de ses amis, ou bien Malherbe et les siens, en qui il dit se reconnaître ? Toute la complexité de la posture mainardienne se manifeste ici. Pris dans un réseau lettré de correspondants qui l'accompagnent dans la préparation de l'édition de 1646, Mainard justifie humblement ses demandes en jouant de son âge et de son ancrage provincial, mais cela ne l'empêche pas de réaffirmer avec fermeté son positionnement malherbien qui concerne aussi bien la valeur qu'il dit accorder à la langue que sa méfiance à l'égard de l'imprimé ou l'infini et nécessaire travail artisanal que nécessite l'écriture des vers. Les *Priapées* trouvent leur place dans ce cadre défini par leur auteur : avec un tel corpus, non imprimé mais cependant publié sous forme manuscrite, Mainard revendiquait une position marginale (et vraisemblablement à géométrie variable, en fonction du lieu où il se trouvait) dans le champ de l'écriture poétique dans les années 1630-1640.

31 *Les Lettres…*, *op. cit.*, p. 326.
32 *Ibid.*, lettre 261, p. 726.
33 *Ibid.*, lettre 247, p. 749.
34 *Ibid.*, lettre 176, p. 524.
35 *Id.*

LES *PRIAPÉES* DE MAINARD, UN PROJET ÉDITORIAL DES ANNÉES 1730

La seule version complète aujourd'hui disponible des *Priapées* de Mainard est conservée à la Bibliothèque de l'Arsenal, à Paris. Il s'agit du manuscrit 2943, qui est un recueil factice constitué, d'une part, des *Œuvres* de Mainard parues en 1646[36], systématiquement interfoliées, et, d'autre part, d'un ensemble de feuillets manuscrits placés avant et après l'imprimé. Les *Priapées* se trouvent à la fin du recueil. Ce recueil factice nous servira de manuscrit de référence en raison de sa complétude. Bien que nous ayons à notre disposition deux recueils manuscrits autographes, classés sous les cotes 843 et 844 à la Bibliothèque Municipale de Toulouse, ces deux pièces sont antérieures au manuscrit 2943, se révèlent à l'examen moins complètes que le manuscrit de la bibliothèque de l'Arsenal de Paris et portent des indications de leur dimension préparatoire, d'un état inachevé qu'on ne retrouve pas dans ce dernier.

Le manuscrit 2943 est vraisemblablement la copie d'un manuscrit plus ancien dont nul ne sait s'il a été conservé ou détruit[37]. Sa reliure date du XVIIIe siècle. Sa fabrication remonte quant à elle aux années 1730. Certains éléments matériels convergents induisent cette datation : il s'agit d'une demie reliure (le cuir, du basane, n'est employé que sur la tranche) et on a employé un dos long : la pièce de titre est positionnée sur la tranche pour s'adapter à un mode de rangement vertical des livres qui n'est pas employé au XVIIe siècle. Les feuilles de garde sont en papier marbré, typique du XVIIIe siècle[38]. Le recueil se compose précisément comme suit : on dénombre quinze feuillets, seize, dix-huit puis quatre-cent quarante-huit pages[39]. Le cœur du recueil est l'édition de 1646, interfoliée et portant des annotations manuscrites effectuées par le possesseur du manuscrit et vraisemblablement commanditaire du recueil factice : il y a déposé

36 Paris, A. Courbé.

37 On ne peut exclure entièrement l'hypothèse qu'il s'agirait d'une copie qui ferait la synthèse de plusieurs manuscrits. Mais aucun élément tangible ne permet d'aller dans ce sens.

38 Cette reliure a été restaurée : le dos et les plats sont de couleurs nettement différentes et de matériaux distincts.

39 Selon la description qu'en proposa en 1884 Henry Martin, conservateur de la bibliothèque de l'Arsenal.

des variantes, émis des critiques du style de Mainard, mis en évidence des fautes ou des erreurs typographiques. Les feuillets manuscrits qui précèdent et suivent l'imprimé sont du même papier que les feuillets interfoliés. Ce lettré non identifié a recueilli dans ce manuscrit, avant sa vente au marquis de Paulmy, tout un ensemble de données sur Mainard et son œuvre : le recueil factice s'ouvre avec la *vie* de Mainard par Paul Pellisson (f. 1r-11v) ; suivent une note circonspecte sur l'attribution du *Philandre* (f. 11v) à Mainard, un *Catalogue des œuvres de Mainard* (f. 12r-v), puis une série de remarques sur Mainard par César-Pierre Richelet (f. 13v)[40], Claude-François Ménétrier (f. 14r)[41], Thomas De Lorme (f. 14v)[42] et René Le Pays (f. 15r)[43]. Enfin, à la suite de vingt feuillets vierges, on trouve les *Priapées* (paginées de 415 à 448), précédées de quelques épigrammes de Mainard d'un style jugé comparable et imprimées dans des recueils collectifs au cours du XVIIe siècle, paginées de 386 à 414[44].

Le papier interfolié et employé dans le manuscrit est au format in-4°, tout comme l'édition de 1646. Il est impossible d'en voir le filigrane dans son intégralité : on ne peut pas même en percevoir la moitié. À cause du format, les deux signes (marque et contremarque) du papier se trouvent dans la pliure. On peut cependant affirmer qu'il est aux armes du chancelier Le Tellier : la contremarque porte le monogramme « LT » surmonté d'une couronne. En principe, la marque entière aux armes de Le Tellier est constituée d'un écu portant trois lézards, en général coiffés de trois étoiles[45] ; l'écu est quant à lui entouré de rinceaux végétaux, et coiffé d'un casque sommairement représenté. Or il est possible d'identifier dans le manuscrit 2943 la queue des trois lézards et l'on

40 Richelet, *Recueil des plus belles épigrammes des poètes français. Depuis Marot jusqu'à présent. Avec des notes historiques et critiques, et un traité de la vraie et de la fausse beauté dans les ouvrages d'esprit. Traduit du latin de Mrs. de Port-Royal*, Paris, N. Le Clerc, 1698, t. 1, p. 112-113.

41 D'après *Des Représentations en musique [sic] anciennes et modernes*, Paris, R. Pepie, 1685, p. 149.

42 D'après *La Muse nouvelle ou les agréables divertissements du Parnasse*, Lyon, B. Coral, 1665, p. 243 (épigramme adressée à Mainard).

43 D'après *Les Nouvelles Œuvres*, Amsterdam, A. Wolgank, 1674, t. 1, p. 289.

44 Il est possible que l'annotation de l'imprimé de 1646 soit antérieure à l'acquisition ou la copie du manuscrit ayant servi de source à la copie finale des *Priapées*. Voir p. 85.

45 Je dois beaucoup à l'aide de Claire Bustarret pour l'analyse de ce filigrane. Pour comparaison, voir Raymond Gaudriault, avec le concours de Thérèse Gaudriault, *Filigranes et autres caractéristiques des papiers fabriqués en France aux XVIIe et XVIIIe siècles*, Paris, CNRS-Éditions et J. Telford, 1995, planche 131.

distingue sans hésitation le casque et les rinceaux végétaux. La marque d'imprimeur est quant à elle apparemment celle de Pierre Gourbeyre II, papetier à Noyras, près d'Ambert, né en 1702 et mort en 1782, et dont l'activité débuta en 1732. Le papier employé pour les feuillets interfoliés et ajoutés à l'imprimé remonterait à 1732 ou à 1737[46]. Dans la mesure où, en général, l'on faisait usage du papier aussi tôt qu'il était mis en vente et que l'on en faisait l'acquisition, la personne qui fit fabriquer le recueil factice travaillait sur la poésie de Mainard dans les années 1730.

Comme le note au verso du tout premier feuillet Pierre-Antoine Soyer, l'un des secrétaires du marquis de Paulmy[47] : « Voici une édition préparée des œuvres de Mainard avec sa vie par M. Pellisson[48]. » En effet, l'annotateur semble avoir eu un projet éditorial, la préparation, sans doute, d'*Œuvres complètes de François Mainard*, un ouvrage qui ne vit cependant pas le jour. En faveur de ce scénario qui permettrait d'expliquer les raisons qui l'ont conduit à réunir ainsi toute l'écriture versifiée de François Mainard dans un recueil factice, signalons qu'il nota dans la marge de gauche du feuillet 386r, au sujet de l'épigramme « Dame de qui la vanité… » : « Quoi que cette épigramme ne soit signée que d'une M, je la crois de Mainard à cause du style et de la tournure, et puis j'ai vu un m.s. où elle lui était attribuée. » Cette note fut ensuite biffée d'une large croix et remplacée, de la même main, par ce qui suit : « Cette M., si je ne me trompe, signifie Mainard. C'est son style et j'ai un m.s. de ses *Priapées* où elle se trouve » : il semble évident que

46 C. Bustarret observe que parmi les exemples donnés par Gaudriault (*id.*), la position des lettres par rapport aux lignes de chaînette se rapproche du seul exemple de 1732.

47 Sur Soyer, voir Martine Lefèvre et Danielle Muzerelle, « La bibliothèque du marquis de Paulmy », *Histoire des bibliothèques françaises, les bibliothèques sous l'Ancien Régime*, Paris, 1988, p. 300-315. Noter qu'il semble y avoir trois mains sur le manuscrit : celle de Soyer, celle du marquis de Paulmy et celle de celui qui a copié les *Priapées* et annoté l'édition de 1646 ainsi que le recueil priapique. Cette dernière main révèle l'existence de plusieurs campagnes d'écriture : le péritexte a clairement fait l'objet de corrections, révisions, ajouts, etc. ; les *Priapées* quant à elles ont connu au moins deux campagnes d'écriture : la première consista à copier les poèmes et à les annoter (les annotations les plus longues, indiquant essentiellement des sources ou quelques remarques rédigées d'ordre poétique), et la deuxième à ajouter des annotations plus brèves, quelquefois des corrections des premières. Certains indices permettent de corroborer la date de fabrication du recueil factice et du travail de préparation de cette édition. En effet, l'annotateur mentionne notamment, au sujet du texte 15 de Mainard, le *Nouveau Voyage autour du monde* de Le Gentil, paru en 1728.

48 Le manuscrit classé sous la cote 2944 à la Bibliothèque de l'Arsenal de Paris contient d'ailleurs un projet d'édition des œuvres de Clément Marot comparable à celui-ci, mais par un autre auteur.

l'auteur de ces remarques préparait avec un soin de collectionneur et de philologue l'annotation de son édition pour laquelle l'acquisition d'un nouveau manuscrit permettait d'être plus assertif dans ses attributions[49].

D'autres éléments semblent confirmer l'hypothèse d'une édition en préparation. Outre la documentation sur la vie de Mainard, qui signale le souci d'exhaustivité (aussi bien paratextuelle que textuelle, d'ailleurs), on trouve dans les feuillets manuscrits un catalogue des écrits de Mainard ainsi que la mention et la localisation de poèmes dans diverses éditions[50]. On lit aussi dans les marges des renvois à la correspondance de Mainard : « il faut voir dans ses *Lettres* où je crois qu'il défend cette expression ["vaillants héroïques"][51] » ou bien : « voici ce que Mainard pense lui-même de cet épigramme, c'est dans sa lettre 126e, p. 348. Il parle à M. Flotte[52]. » Les feuillets interfoliés contiennent le recensement de sources pour les poèmes[53], des propositions de variantes dont l'origine n'est pas précisée[54], des éclaircissements sur le contexte historique[55], des jugements généralement brefs et inscrits dans la marge du texte imprimé[56], des corrections, elles aussi, dans le texte[57], et parfois des développements plus ou moins longs (de quelques lignes à une page entière) sur la langue ou la versification de Mainard[58]. Tout un apparat critique est ainsi mis en place dans une perspective clairement éditoriale.

Signalons enfin que cet ensemble contient encore de nombreux feuillets restés vierges. Doit-on en déduire qu'il s'agit d'un projet inachevé – la mort du propriétaire du manuscrit ou d'autres projets expliquant cet abandon ? S'agissait-il d'un objet personnel, destiné au seul propriétaire ou à ses proches, de telle sorte que ces feuillets importaient finalement

49 Voir aussi l'annotation du texte 14.

50 F. 12r-v.

51 Éd. citée, p. 67.

52 *Ibid.*, p. 70, feuillet interfolié.

53 *Ibid.*, p. 89, 165 (Martial), p. 126 (Catulle), p. 262 (Lucain) sur des feuillets interfoliés, ou p. 253 (Ovide).

54 *Ibid.*, p. 126 ou p. 352 (feuillets interfoliés) par exemple, p. 46 (dans le texte).

55 *Ibid.*, p. 194 ou 237 (feuillets interfoliés) par exemple.

56 *Ibid.*, p. 132, 151 ou 253 par exemple.

57 *Ibid.*, p. 57.

58 *Ibid.*, p. 34 ou p. 245 (feuillets interfoliés). Certaines remarques, comme celle qui accompagne les « Stances » (49) et leurs rimes exclusivement masculines, témoignent d'une connaissance réelle de la poésie et des positions théoriques de Mainard. Et dans le même texte (n. 49), voir la réflexion sur l'emploi du mot « fouteur » et la réflexion philologique que cela entraîne.

assez peu ? Il est très difficile de trancher. Quoi qu'il en soit, cette entreprise éditoriale avortée nous permet d'avoir accès aujourd'hui à ces *Priapées* mainardiennes dans leur intégralité puisqu'elle donne accès à un ensemble de textes plus étendu que ce que proposent les manuscrits de Toulouse, et constitué en recueil, on y reviendra.

HYPOTHÈSES SUR UN MANUSCRIT PERDU

On l'a suggéré, l'origine de la copie des *Priapées* qui se trouve dans le manuscrit 2943 est incertaine, pour ne pas dire mystérieuse. La principale source dont nous disposons se trouve dans les *Mémoires...* de Charles Ancillon, qui propose dans la rubrique qu'il consacre à Valentin Conrart un scénario expliquant la disparition au XVIIe siècle des *Priapées* avant qu'elles ne resurgissent dans le manuscrit 2943. Ses propositions nourrissent la narration qui domine traditionnellement dans la critique mainardienne et dans l'histoire des *Priapées* :

> Il y a dans la République des lettres un grand nombre d'excellents ouvrages dont Conrart a été le parrain. On pourrait dire même que Conrart, comme on l'a dit de Socrate, a fait l'office de sage-femme aux accouchements de plusieurs grands hommes de son temps.
>
> Il n'avait pas seulement le droit de corriger les ouvrages qu'on soumettait à sa censure, il avait même celui de supprimer ce qu'il ne trouvait pas digne de paraître en public. Témoin les *Priapées* de Mainard, ce poète célèbre dont Ménage fait l'histoire en abrégé. L'illustre Ménage était en peine de savoir ce que Conrart en avait fait. Pouvait-il douter que la gravité ne l'eut obligé à tâcher de les ensevelir dans l'oubli et à les empêcher de voir le jour ? L'échantillon que Ménage lui-même nous en donne, par ces vers,
>
> *Muse, trêve de modestie,*
> *Vous vous fâchez toutes les fois*
> *Qu'on parle de cette partie,*
> *Qui fait les papes et les rois*
> *Sachez, etc.*
>
> cet échantillon, dis-je, nous fait bien connaître ce que Conrart peut avoir fait de toute la pièce[59].

---

59 *Mémoires concernant les vies et ouvrages de plusieurs modernes célèbres dans la République des Lettres*, Amsterdam, Wetsteins, 1709, p. 45.

Ancillon se fondait lui-même sur la phrase suivante attribuée à Gilles Ménage dans des *Menagiana* : « J'avais autrefois ses *Priapées*, M. Conrart les a eues de moi. Je ne sais ce qu'il en aura fait[60]. » Certes, l'érudit angevin avoue son ignorance à l'égard de ce qu'il advint du manuscrit une fois qu'il eût été confié à Conrart, mais cela ne prouve pas que ce dernier l'aura censuré. L'on peut d'ailleurs émettre un certain nombre de questions au sujet de cette déclaration et des incertitudes qu'elle laisse planer : a-t-on remis à Conrart l'ensemble des priapées telles qu'elles se présentent dans le manuscrit 2943 ? Cette copie, le cas échéant, était-elle celle qui servit de modèle à ce manuscrit ? Y en y eut-il d'autres ? Pourquoi Ancillon semble-t-il supposer que cette copie aurait été unique ? À quelles fins les *Priapées* furent-elles transmises à Conrart : pour satisfaire la curiosité de ce dernier ou pour qu'il intervînt en faveur du recueil et qu'il le fît bénéficier d'un privilège ? En tant que secrétaire du roi, Conrart signait des privilèges et il en accorda entre 1630 et 1650 à un grand nombre de ses connaissances, dont Mainard[61]. Dans une lettre, celui-ci déclare d'ailleurs à Conrart au sujet de l'édition de 1646 :

> Il vous sera facile de me faire accorder l'expédition des privilèges dont j'ai besoin, pour les poésies et les autres ouvrages que Monsieur De Flotte mon confident, veut que je donne au public[62].

On aimerait savoir ce que désignent « les autres ouvrages » : les lettres de Mainard, des textes que nous ne connaîtrions pas, les *Priapées* ? Quoi qu'il en soit, cette proximité de Conrart avec certains auteurs, telle qu'elle apparaît aussi nettement chez Ancillon, et son rôle de soutien ou d'intermédiaire, semblent peu compatibles avec le geste de censure qu'envisage ce dernier, sans doute pour des raisons liées à sa propre prévention contre les textes et ouvrages qu'il pouvait juger obscènes. Par

60 Ancillon indique : « *Menagiana*, I, p. 424-425-426 », sans préciser l'édition utilisée. La pagination (la citation se trouve t. 1, p. 425) correspond à celle de la troisième édition des *Menagiana* (*Menagiana, ou bons mots. Rencontres agréables, pensées judicieuses, et observations curieuses [...]. Troisième édition augmentée*, Amsterdam, P. du Coup, 1713, 2 t. en un vol.). Il n'a pas été possible de consulter de tirage antérieur à 1709 de cette troisième édition. Quoi qu'il en soit, Ménage propose en effet une vie « en abrégé » de Mainard, rappelant le nom de son père, sa fonction à Aurillac, et les railleries dont il était l'objet quand il employait des mots jugés hors d'usage.

61 Voir Nicolas Schapira, *Un Professionnel des lettres au XVIIe siècle. Valentin Conrart : une histoire sociale*, Seyssel, Champ Vallon, « Époques », 2003, p. 120.

62 Lettre 194, *Les Lettres...*, *op. cit.*, p. 582.

ailleurs, certaines priapées apparaissent dans les manuscrits de Conrart[63], à proximité notamment de textes beaucoup plus crus et obscènes parfois, incluant par exemple les sonnets de Viau incriminés au cours de son procès[64]. Autrement dit, si Conrart eut vraisemblablement une copie des *Priapées* en sa possession ou sous les yeux à un moment donné, il n'a sans doute pas censuré Mainard. Ajoutons que rien ne saurait prouver que Mainard ait eu un projet éditorial[65] pour ses priapées.

Par ailleurs, le critique et philologue Bernard de La Monnoye glisse dans son édition des *Menagiana*, à la suite des propos attribués à Ménage, une information qui est passée inaperçue mais ne contredit pas ce qui précède : « On n'oserait regretter ses *Priapées*, dont Conrart avait, dit-on, le manuscrit que Richelet paraît avoir vu[66]. » Ce manuscrit est-il celui dont parle Ménage ? On pourrait croire qu'une copie unique circula parmi les lettrés, y compris après la mort de Mainard[67]. Mais rien ne prouve que la copie dont Ménage signale qu'elle fut confiée à Conrart est bien celle qui servit de source au copiste du manuscrit 2943.

Les discours tenus par Gomberville dans la préface de l'édition de 1646 au sujet des épigrammes priapiques ne se soutiennent donc guère. Voici ce qu'il dit de Mainard et de ce qu'il aurait ressenti à l'égard de ses *Priapées* :

> Il est vrai qu'il a supprimé un grand nombre d'excellentes pièces, et qu'étant devenu trop prudent en devenant sexagénaire, il est tombé dans un tel excès de scrupule que de la crainte de scandaliser quelque âme faible, il a passé jusqu'à l'injustice de persécuter l'innocence, j'entends celle de ses épigrammes, que son humeur trop sévère a violemment condamnées à une prison perpétuelle. Je sais qu'elles étaient épigrammes, c'est-à-dire charmantes, délicieuses,

63 Voir la liste et la pagination des textes p. 65 et suiv.

64 Dans le ms. 4123 de la bibliothèque de l'Arsenal (Paris), manuscrit Conrart, vol. XVIII, p. 226 et 227. Voir aussi, notamment, le ms. 5422, qui contient des sonnets de Saint-Pavin (p. 1089-1104) et tout un ensemble de poésies libertines (p. 1121-1140).

65 Ce que l'on peut en revanche retenir de ce que disent Ménage et Ancillon, même si cela n'a pas valeur de preuve, c'est que certaines priapées ou épigrammes d'inspiration satyrique de Mainard qui constituent le manuscrit des *Priapées* paraissaient bien constituer un tout, un recueil au sens d'ensemble de textes entier et clos, aux yeux de contemporains du poète.

66 *Menagiana ou les bons mots et remarques critiques, historiques morales et d'érudition, de Monsieur Ménage, recueillies par ses amis*, Paris, Veuve Delaulne, 1729, t. II, p. 316.

67 Le copiste du manuscrit 2943 n'en avait qu'une à sa disposition, raison pour laquelle il doit, à plusieurs reprises, proposer des substitutions pour des mots qui lui sont indéchiffrables : dans « Pierre fout Lise l'édentée » (33), « Lise, qui veux soir et matin » (40) et « Tu ne parles que d'œuvres pies » (43).

> capables de tenter l'esprit, et d'émouvoir quelque peu de désordre en la partie inférieure de l'homme. [...] Mais quelques innocentes qu'elles soient, monsieur Mainard veut qu'elles soient criminelles, et soutient que l'aversion qu'il a pour elles n'est pas une aversion mal fondée[68].

À en croire l'éditeur du poète, un nouveau scénario, se dessinerait, selon lequel Mainard, en vieillissant, aurait caché ou détruit certains de ses écrits[69]. N'oublions cependant pas que, reprochant à monsieur De Flotte de ne pas lui parler de ses « pièces gaillardes », Mainard lui écrivait à l'automne 1639 :

> Il faut, de deux choses, l'une, ou que vous ne les estimiez pas, ou que vous appréhendiez la mort et qu'il vous fâche que la lecture de ces galanteries augmentent votre confession d'un article. Je vous avoue que je les aime et que je les mets au nombre de mes plus raisonnables ouvrages[70].

Le rejet de cette poésie, tout comme la conversion de Mainard après le procès de Viau restent donc fortement sujets à caution. Gomberville voulait-il justifier leur absence d'un recueil qu'il avait préparé et se dédouaner ainsi d'un manque criant dans la mesure où Mainard était un épigrammatiste de renom et ses productions d'inspiration satyrique ou priapique bien connues[71] ? À défaut de pouvoir répondre à ces questions, on peut rappeler que les *Priapées*, réunies en un recueil, ne nous sont pas parvenues sous une forme imprimée du temps de leur auteur ni sous une forme autographe. Si cela ne leur retire aucune légitimité, on le verra plus loin, cela ne va pas non plus sans poser des difficultés de nature notamment philologique.

---

68 Ed. Gohin, p. 7-8 ; éd. 1646, p. 12-13.

69 Si le testament de Mainard indique que le poète souhaitait que son fils héritant de sa bibliothèque détruisît « quelques livres écrits de [sa] main, où il y a diverses poésies françaises parties de [son] esprit » (C. Drouhet *Le Poète François Mainard (1583 ?-1646)...*, *op. cit.*, p. 548), rien n'indique de manière indiscutable qu'il se soit agi des textes des *Priapées* en particulier. Il pourrait tout aussi bien être question de textes satiriques par exemple ou de travaux inachevés.

70 *Les Lettres...*, *op. cit.*, lettre 254, p. 772 et 773. La datation est proposée par Drouhet dans le *Tableau chronologique des lettres du poète F. Mainard, accompagné de lettres inédites*, Paris, Champion, 1909, p. 66-67.

71 Plusieurs dizaines de pièces de Mainard ont paru dans les recueils satyriques. Par ailleurs, il est frappant que Gomberville traite en même temps de textes satiriques dont l'archevêque de Rouen, François de Harlay, puis Charles de Noailles pensèrent qu'ils avaient été composés contre eux (voir les lettres 44 et 274 dans *Les Lettres...*, *op. cit.*, p. 112-114 et 836-839 ; et C. Drouhet, *op. cit.*, p. 280-282) : il ne semble pas distinguer ce qui relève du satirique et tout ce qui procède du satyrique.

HYPOTHÈSES SUR LA GENÈSE DES *PRIAPÉES* DE MAINARD

On l'a souligné, les textes qui composent les *Priapées* ne se trouvent pas seulement dans le manuscrit de la Bibliothèque de l'Arsenal de Paris et la grande majorité des copies ou publications qu'on en recense contiennent des variantes. Deux volumes (XVIII et XXI) des manuscrits Conrart contiennent onze priapées, et plusieurs imprimés (le *Recueil des plus excellents vers satyriques de ce temps...* (1617), *Le Cabinet satyrique...* (1618), *le Recueil des plus beaux vers...* (1627 et 1630) et les *Œuvres* (1646) de Mainard) en publient neuf inédits[72]. Surtout, on l'a déjà signalé, la Bibliothèque Municipale de Toulouse conserve deux manuscrits autographes de Mainard, sous les cotes 843 et 844[73]. Si le second ne contient qu'un seul des textes du recueil, le premier en contient quant à lui quarante-sept. La reliure du manuscrit 843 est en maroquin. Il contient 279 feuillets. Mainard en a fait usage entre 1627 et 1643. Le filigrane du papier, non recensé, évoque clairement un autre filigrane qui était employé au début du XVIIe siècle[74]. Le manuscrit 844 est quant à lui cartonné et ne contient que cinquante et un feuillets. Mainard l'a utilisé vers 1645-1646. Le filigrane, qui n'est pas recensé non plus, ressemble cependant à des filigranes datés de la première moitié du XVIIe siècle[75].

72 Sur tout cela, voir le Recensement des versions des *Priapées* p. 65 et suiv.

73 Tous deux auraient porté sur leur dos une étiquette en forme d'étoile (non visible aujourd'hui) qui serait, selon Drouhet (*Les Manuscrits de Maynard conservés à la bibliothèque de Toulouse. Étude bibliographique, accompagnée de pièces inédites*, Paris, Champion, 1908, p. 4), la preuve qu'ils ont appartenu à Jean-Jacques Lefranc de Pompignan, qui les aurait vendus à l'archevêque de Toulouse Loménie de Brienne en 1785 qui les a lui-même offerts à la ville de Toulouse Toutefois, Jocelyne Deschaux (« La bibliothèque de Jean-Jacques Lefranc de Pompignan d'après les fonds de la bibliothèque d'étude et du patrimoine de Toulouse », *Jean-Jacques Lefranc de Pompignan. Un homme de cultures au siècle des Lumières*, actes du colloque de Toulouse-Montauban-Pompignan (22-23/09/2006), Paris, Eurédit, 2015, p. 35-105) ne mentionne pas Loménie de Brienne et affirme que la bibliothèque fut léguée aux États du Languedoc avant d'être reversée dans la bibliothèque du collège royal de Toulouse qui deviendrait la Bibliothèque Municipale en 1806. Par ailleurs, Henry Martin ne mentionne aucunement Lefranc de Pompignan parmi les vendeurs d'ouvrages à la Bibliothèque de l'Arsenal de Paris (*Histoire de la bibliothèque de l'Arsenal*, Paris, Plon, 1900).

74 Gaudriault, *op. cit.*, pl. 371.

75 *Ibid.*, pl. 400 ou 403.

Ces divers supports de publication des priapées de Mainard incitent à prendre en considération toutes les variantes textuelles à notre disposition, mais également à examiner la dynamique d'écriture que cet ensemble d'écrits permet d'envisager. Il faut pour cela reconsidérer les principes fondamentaux de l'analyse génétique des textes en acceptant d'accorder de l'importance, bien évidemment, à ce qui provient de la plume auctoriale, mais également, ce qui est propre aux textes d'Ancien Régime, destinés à des circulations diverses, manuscrites et imprimées, à l'ensemble des interventions qu'on nommera autoritaires, c'est-à-dire toutes les campagnes d'écriture où des lecteurs (copistes, lecteurs proches ou non de Mainard, etc.) interviennent dans les textes, les modifient, les corrigent, les réécrivent[76], s'arrogeant ainsi une forme d'autorité sur ces derniers. Loin d'être inacceptable ou surprenante pour des contemporains de Mainard, qui ne cesse, dans ses lettres, d'inviter ses correspondants à corriger ou à réécrire ses vers, cette autorité s'inscrit dans l'histoire des poèmes et de leur instabilité fondamentale. Mainard répète à l'envi à son ami monsieur De Flotte[77] des formules comme celle-ci : « pour ce qui est de la correction de toutes mes Œuvres, vous êtes capable de me faire approuver tout ce que vous trouverez bon[78] » ou encore : « vous avez toute ma poésie, la meilleure partie a été composée pour vous obéir ; vous en pouvez par conséquent disposer comme il vous plaira[79]. » Une telle posture auctoriale conduit Mainard à écrire également : « voici un quatrain qui cherche votre rime[80] », voire qui attend « votre lime[81] » – l'écriture devenant réellement collaborative. De telles formules se retrouvent tout au long de sa correspondance, où d'autres destinataires sont sollicités pour participer au processus créatif qui doit mener à l'édition de 1646, mais également aux *Priapées*, sur lesquelles il a travaillé au moins jusqu'en 1643[82]. Elles témoignent de ce que l'écriture

76 Sur ce point, voir G. Peureux, « Le 'manuscrit de Maastricht' (*cir.* 1635). Comment étudier la genèse d'une œuvre sans contexte ? », *La Genèse des textes dans l'Europe à l'âge moderne. Études de cas, de Leibniz à Ugo Foscolo*, dir. N. Ferrand, CNRS-Éditions, à paraître.

77 Dont l'œuvre poétique est pourtant inexistante et l'expertise dans ce domaine non démontrée.

78 Ed. citée, p. 113-114.

79 *Ibid.* p. 188.

80 *Ibid.*, p. 231.

81 *Ibid.*, p. 452.

82 On ne saurait suivre Drouhet sur la date de rédaction possible des *Priapées*, qui serait le tout début des années 1640. Au sujet de la lettre 284 dans laquelle Mainard écrit

y est inextricablement liée aux commentaires et aux réécritures qui en découlent, ainsi qu'à l'importance, apparemment reconnue par les correspondants comme aussi normale que nécessaire dans le processus poétique, des interventions extérieures. Mainard écrit ainsi à Colletet :

> Otez ce qui vous déplaira, je ne m'en plaindrai point, et croirai que vos traitements quelques rudes qu'ils soient, sont des remèdes nécessaires pour guérir ma poésie de ses défauts. Vous trouverez peut-être étrange que cette pièce [« Je déteste le nœud fatal… »] soit changée aux endroits mêmes que Monsieur De Flotte n'a pas condamnés[83].

Qu'il s'agisse d'interventions à vocation normative (adapter ou moderniser la langue de Mainard, en fonction de codes lettrés parisiens, orthographiques, syntaxiques, ou poétiques, etc.) ou à vocation plus singulière et plus personnelle (adapter les textes en fonction de son propre goût, de sa propre tolérance à une langue crue, ou de l'usage que l'on compte faire des textes), il est toujours question de circonstances, d'adaptation des textes à des circonstances nouvelles qui motivent le geste de celle ou celui qui s'approprie le poème. Ces circonstances sont indissociables du processus génétique des poèmes, entendu comme dynamique d'écriture et de réécriture indexée à la publication sous ses différentes formes. Cette genèse doit donc être reconnue comme fondamentalement multiple et potentiellement aussi diverse que les lectures-appropriations qui sont faites des textes. Comment, de toute façon, une fois vus les manuscrits autographes, séparer ce qui serait auctorial (qui relèverait du seul auteur premier, pour ainsi dire) et ce qui ne l'est pas ? Et comment savoir si telle variante connue par un poème au gré de ses publications a été ou non validée par Mainard ? Face à l'arbitraire qui présiderait à ce type de

---

notamment : « Vous ne sauriez vous figurer le nombre infini de pensées poétiques qui m'empêchent de dormir aussi bien que mon mal ; mais il n'y en a pas une qui puisse entrer dans l'épigramme. La morale m'occupe tout entier, et vous ne vîtes jamais de productions plus sages que celles que ma Muse va publier à l'avenir » (*Les Lettres…*, *op. cit.*, p. 870), Drouhet conclut (et extrapole) : « On voit bien qu'il abandonne les modèles naguère suivis, qu'il ne lit plus Catulle, ni son cher Martial. Il feuillette encore Horace, mais s'arrête de préférence aux pages mélancoliques des odes de Dellius à Posthume, aux passages qui parlent de la séparation inévitables des biens et des plaisirs d'ici-bas. » (*Le Poète François Maynard (1583 ?-1646)…*, *op. cit.*, p. 316) Cette lettre est destinée à consoler et soutenir moralement le poète burlesque, notamment en traçant un parallèle entre sa situation médicale et celle de Mainard. Les *Œuvres* de 1646, de toute manière, contrediront cette promesse de « sagesse » publiée à l'avenir.

83 *Les Lettres…*, *op. cit.*, p. 486-487.

décisions, il est à la fois plus prudent, mais également plus respectueux des pratiques du temps, de considérer la pluralité des interventions et des auteurs selon une conception de l'instabilité des textes qui est dynamique, c'est-à-dire qui considère les processus créatifs qui relient ou mettent en concurrence leurs différentes versions.

Or il est possible de faire un certain nombre de propositions au sujet des préparation et constitution initiales du recueil, de sa genèse ainsi que de celle des textes. Dans le dossier génétique des *Priapées* tel que l'on peut le reconstituer à partir des manuscrits épars qui ont été conservés, le manuscrit 843 de Toulouse correspond à la première ou, plus précisément, à la plus ancienne campagne d'écriture qui soit à notre disposition. Sur les cinquante-six textes du manuscrit 2943 qui nous sert de manuscrit de référence, quarante-sept se trouvent dans ce volume ; et sur les neuf poèmes qui n'y apparaissent pas (15, 17, 25, 31, 34, 36, 47, 52, 56), il en est trois qui sont lisibles dans des recueils imprimés entre 1617 et 1630. Il y aurait donc seulement six textes inédits – c'est-à-dire dont nous ne connaissons à l'heure actuelle aucun autre support de diffusion, imprimé ou manuscrit, ce qui est le signe de publications multiples en amont de la constitution du recueil qui fut peut-être un projet tardif. Le manuscrit 843 de Toulouse servit donc sans doute de point de départ à la préparation d'un manuscrit plus complet des *Priapées.* En faveur de cette hypothèse, soulignons que près de la moitié des poèmes des *Priapées* qu'il contient sont accompagnés de l'inscription autographe de la lettre majuscule « P » qui se trouve ou au-dessus du premier vers ou dans la marge gauche de la page. Il s'agit très vraisemblablement de l'initiale de *Priapées*, ce qui indiquerait, d'une part, que Mainard aurait bien envisagé la constitution d'un recueil, copié par ailleurs et regroupant notamment ces textes, et d'autre part, qu'il en aurait même validé le titre. À l'appui de cette dernière affirmation, le texte « Jeanne fait bien de la doucette » est pour sa part précédé de la mention « Priape[84] ».

L'observation de l'évolution des textes semble confirmer cette histoire du recueil. On trouve dans le manuscrit 843 des vers faux, comme

84 La marge du manuscrit 2943 contient d'ailleurs la remarque suivante au sujet de cette même épigramme : « On pourrait tirer celle-ci du rang des *Priapées*, et toutes les autres où les termes se trouveront ménagés. » En posant ce jugement sur l'esthétique du recueil des *Priapées* et sur la légitimité des textes à y entrer ou non, l'annotateur confirme qu'il considère le manuscrit sur lequel il s'appuie comme une préparation éditoriale.

celui-ci : « Et que la femme du premier homme » (6, v. 12), qui prend la forme suivante dans le manuscrit 2943 : « Et que la sœur du premier homme ». Si ce dernier vers a le désavantage de brouiller la compréhension en faisant d'Adam et Ève un frère et une sœur, il a cependant l'intérêt de proposer une forme rythmique adéquate (huit, au lieu de neuf syllabes comme c'est le cas dans la première leçon). Tout se passe comme si le manuscrit qui servit de source au manuscrit 2943 était une étape ultérieure, plus aboutie ou plus réfléchie, dans la composition du poème, que ce que donnent les versions autographes.

Cette impression est confirmée par l'observation d'un phénomène frappant : le manuscrit 2943 propose à plusieurs reprises des versions plus explicites que les versions autographes, soit par des reformulations plus crues, soit par la résolution d'abréviations ou de mots remplacés par des blancs ou des fleurons (qui se substituent aux étoiles ou aux points dans les imprimés).

Ainsi, lorsque Mainard conclut le texte qui commence par « Margot, me voici vit en main » (21) avec la formule suivante : « L'Ecriture ne parle pas / Que l'on s'embrasse en l'autre monde », le manuscrit 2943 porte : « que l'on chevauche », formule nettement plus cohérente et qui paraît affermir le sens du texte. Et dans « Quoique tu n'aies cheveu ni dent » (23), le texte se conclut dans ce dernier manuscrit par : « Vieille, si tu branles du cul / comme tu branles de la tête » alors que Mainard avait d'abord écrit : « Vieille, si tu branles du cul / comme tu trembles de la tête ». Le choix a été fait de répéter un verbe choquant plutôt que d'avoir une homophonie entre les deux verbes – celle-ci n'apporte guère au texte tandis que la répétition obscène entre davantage dans le ton du recueil tout entier. Que cette version finale soit autorisée ou non par Mainard est un fait invérifiable. Il reste que ces phénomènes d'explicitation du texte initial confortent l'idée que le manuscrit 843 est bien antérieur à celui qui a servi de source au manuscrit 2943.

Parallèlement, en nombre d'endroits où Mainard avait laissé un blanc, lui-même, un copiste, ou l'auteur du recueil factice a complété les poèmes en ajoutant le mot manquant de telle sorte que le manuscrit 2943 propose des leçons parfois plus complètes[85]. Ainsi, par exemple dans le

85 Noter cependant qu'on rencontre un certain nombre de « v. » pour « vit » et « f. » pour « foutre » dans ce manuscrit. Il n'est pas impossible qu'il s'agisse d'abréviations destinées à accélérer le temps de copie.

sonnet « Sache, lecteur, que je me pique » (6), au vers 13, le manuscrit 2943 donne : « Sans rougir appelait un vit » quand le manuscrit autographe donne : « Sans rougir appelait un <blanc> » ; et dans « Rides, que vos difformités » (12), au vers 9, Mainard avait écrit « Que mon palefrenier la <blanc> », évitant d'écrire le verbe « foutre ». Pourtant, il lui arrive d'écrire ce verbe ou d'autres termes tout aussi grossiers ou choquants dans ses textes. Il évoque d'ailleurs explicitement le sujet dans les premiers vers de l'une de ses priapées :

> Muses, trêve de modestie :
> Vous rougissez toutes les fois
> Que je nomme cette partie
> Qui fait les Papes et les Rois. (5)

Aucune logique apparente ne semble présider à la disposition de ces blancs maintenus au cœur des vers sauf celle, peut-être, de feindre la prudence ou la modestie pour mieux faire ressortir ces termes « camouflés » : comme dans les imprimés où les imprimeurs recourent à l'abréviations de mots jugés choquants (« f. » pour : « foutre », « v. » pour « vit », etc.) ou à des étoiles, par exemple, ce type de procédé ne cache pas davantage qu'il ne désigne plaisamment ces mots aux lecteurs. L'exemple suivant illustre ces dispositifs d'écriture chez Mainard en même temps que l'ordre de succession des manuscrits et l'importance d'y prêter attention :

ms. 2943	ms. 843
Sans foutre, la vie est amère ;	Sans rire la vie est amère
Qui bien fout gagne paradis ;	Qui bien rit gagne $
Adam ne se plaisait jadis	
Qu'à foutre notre antique mère.	Qu'à saillir notre antique mère
Nous, qui sommes venus de lui,	
A quoi butons-nous aujourd'hui	
Qu'à baiser en toutes postures ?	Qu'à saillir en toutes postures ?
Et les douces forces d'amour	
Porteront les races futures	
A faire de même à leur tour.	

L'emploi du verbe « rire » dans le manuscrit 843 peut prêter à sourire, *a fortiori* lorsqu'on prolonge la lecture jusqu'aux derniers vers du texte, qui confirment qu'il s'agit d'une substitution lexicale volontairement plaisante. Mais dès l'apparition du verbe « saillir », qui lève les doutes initiaux et restitue explicitement au dizain sa tournure provocatrice, Mainard est contraint par la métrique dans la mesure où il lui faudrait écrire « rire de », qui compte pour trois syllabes quand il n'en faut que deux : il avait sans doute déjà « foutre » en tête, ce verbe répété à l'envi dans les recueils satyriques et toute poésie libertine du temps. L'omission du « paradis » et le choix de noter seulement un fleuron ressemble alors à un clin d'œil : puisqu'il fait mine d'éviter les mots crus mais s'abstient d'écrire un mot aux connotations religieuses, Mainard rappelle clairement, s'il en était besoin, qu'il ne s'agit ici nullement de « rire ». Toutes choses égales par ailleurs, on peut alors penser que la version finale du poème, telle qu'elle est donnée dans le manuscrit 2943 est, avec ses trois occurrences du verbe « foutre » dans le quatrain initial, mais aussi avec l'explicitation de ce qu'on gagne en « foutant », plus fidèle à la lettre du texte tel que l'imagina sans doute Mainard. Mais l'on peut aussi penser que, d'une certaine manière, la version initiale de ce poème, avec les mots qui constituent des fausses pistes ironiques, tout comme l'est l'omission prude du mot « paradis », était plus subtile et davantage propre que la version ultérieure[86] à rechercher et trouver une connivence avec des lecteurs.

Le manuscrit 843 fut considéré par Mainard comme un manuscrit de travail, ce que confirment les biffures, les variantes, les versions concurrentes de certains poèmes essaimés sur les feuillets, ou encore les notes de lectures sans doute destinées à être réemployées dans de futurs poèmes. C'était, pour ainsi dire, un registre de ses poésies à partir duquel il faisait le tri entre ce qu'il confierait à De Flotte pour la préparation de l'édition de 1646 et la composition d'un manuscrit des *Priapées*. Notons toutefois que la chronologie de composition des manuscrits n'exclut pas d'autres trajets des textes. Le cas du poème s'ouvrant ainsi : « S'il est vrai, belle Pasithée » (15), est particulièrement frappant. Ce poème contient des variantes mineures (modification d'une rime et, *de facto*, des mots qui y conduisent) dans le *Recueil des plus beaux vers* de 1630. Or une lettre de Mainard datée de 1641 propose une autre leçon, qui aurait été, écrit Mainard à monsieur De Flotte, « corrigé[e] seulement

86 En cela, l'approche génétique montre que les textes analysés ne vont pas nécessairement vers le mieux…

pour [lui] plaire, et peut-être de mal en pis ». Voici les trois leçons à notre disposition[87] :

Recueil des plus beaux vers, 1630

S'il est vrai, belle Pasithée,
Que, faute d'être visitée,
Vos soleils jadis si divins
Courent en poste aux Quinze-Vingts,
Que la pudicité s'en aille
Quand il lui plaira dans les cieux !
Cette vertu n'est rien qui vaille
Puisqu'elle fait perdre les yeux !

Lettres, 1652 [1641]

S'il est vrai, belle Pasithée,
Qu'à faute d'être visitée,
Vos soleils jadis si divins
Soient du pays des Quinze-Vingts.
Que la pudicité s'en aille
Quand il lui plaira dans les cieux.
Cette vertu n'est rien qui vaille
Puisqu'elle fait perdre les yeux

Ms. 2943, date inconnue

S'il est vrai, belle Pasithée,
Que, faute *d'être culetée*,
Vos soleils jadis si divins
Courent en poste aux Quinze-Vingts,
Que la pudicité *remonte*
Quand il lui plaira dans les cieux !
Eh ! qui voudrait en tenir compte,
Puisqu'elle fait perdre les yeux !

En observant les textes tels qu'ils sont disposés dans le tableau ci-dessus, selon la chronologie de rédaction la plus vraisemblable, on peut comprendre que le commentaire émis dans la lettre de 1641, qui concernait les doutes et inquiétudes du poète à l'égard des corrections qu'il avait apportées à son poème après que celui-ci eût été critiqué par De Flotte, a eu quelque incidence. Le syntagme « à faute de » et l'image un peu maladroite du « pays des Quinze-Vingts », introduits dans la version intermédiaire, se voient finalement remplacés dans le manuscrit 2943 par les leçons les plus anciennes. Il pourrait s'agir de ces corrections faites « de mal en pis ». Ensuite, les variantes soulignées et non retenues finalement correspondraient à une campagne d'écriture insérée entre la correspondance de 1641 et la composition des *Priapées.* Sous l'influence de monsieur De Flotte ou de quelque autre correspondant ? L'hypothèse ne peut être exclue et cela témoigne d'une activité d'écriture soutenue

87 Gras et soulignement miens.

de la part de Mainard, entre échanges épistolaires, essais, réécritures, etc. L'ultime trace de cette dynamique se trouve dans le quatrième vers de la dernière leçon, où le verbe « monter » se substitue logiquement à « s'en aller », puisqu'il s'agit de se rendre « dans les cieux » – la dernière modification, qui touche l'avant-dernier vers dans son intégralité, étant la conséquence vraisemblable de cet ajustement.

Le travail d'écriture des priapées apparaît néanmoins parfois sous un angle plus personnel : certaines anomalies dans les poèmes dévoilent le poète au travail dans le manuscrit 843. C'est le cas du texte suivant, abondamment travaillé par Mainard[88] :

Tu dis que je suis effronté,
Et que la censure du pape
Doit brider cette liberté
Dont ma plume écrit de Priape.

Sache, Pierre, que mon discours,
Pour peu qu'il cherche de détours,
Affaiblit l'âme de la phrase.

Ton goût et le mien sont divers.
Mettre Vénus hors de mes vers,
Serait-ce pas hongrer Pégase ?

Ce dizain appelle notre attention en raison de sa pointe finale, dont le sens n'est pas tout à fait clair. Si Pégase peut incarner une forme de vigueur de l'inspiration poétique, il n'est pas associé à la vigueur sexuelle. Le « hongrer », c'est-à-dire le castrer, n'est pas une image tout à fait cohérente du point de vue des caractéristiques traditionnellement attribuées au cheval ailé. Or parmi les essais effectués par Mainard, on recense, au feuillet 56r du manuscrit 843, comme dans le *Recueil des plus beaux vers* de 1627, pour les derniers vers du texte, la leçon suivante :

La netteté de mon discours
Jamais ne cherche les détours.
Ils sont nuisibles à sa grâce.

Cesse de t'opiniâtrer :
Pégase que tu veux châtrer :
N'est pas un cheval pour la chasse.

88 Voir les notes, p. 73.

Il semble que le poète ait alors exprimé l'idée que le fait de policer l'épigramme en en retirant les mots les plus choquants consisterait à faire d'un étalon presque sauvage, tel Pégase, un animal domestique, châtré et moins rapide. Seulement, en ayant dès le feuillet 33v du manuscrit 843 proposé ceci :

> Refuser de mettre en ses vers
> Vénus du long et du travers
> C'est hongrer le cheval Pégase.

ce qui permet d'introduire Vénus et de mettre en vedette les « vers », Mainard se donnait la possibilité aussi de renoncer à l'idée de « grâce » du discours épigrammatique, qui n'était guère opportune dans le cadre priapique. Aussi, peut-on faire l'hypothèse que la leçon retenue finalement est la trace visible d'essais multiples qui visaient à retrouver l'efficacité et une partie du sens des derniers mots de la trente-cinquième épigramme du premier livre des *Épigrammes* de Martial : « rien de plus répugnant que Priape devenu galle », du nom des prêtres consacrés au culte de Cybèle et qui avaient pour caractéristique d'être eunuques.

D'autres reprises sont quant à elles moins visibles et peuvent sans doute être jugées plus réussies (sans que l'on sache à qui il conviendrait de les attribuer) dans la mesure où elles semblent renforcer la cohérence des textes et du recueil. Voici la version du manuscrit 843 des premiers vers du texte 38 de notre édition :

> N'espère pas, Alix, que je te baise :
> Ton vieux engin n'est que pour des valets.

Et voici la version du manuscrit 2943 :

> N'espère pas, Alix, que je te baise :
> Ton vilain con n'est que pour des valets[89].

Le syntagme « vieux engin » posait sans doute deux difficultés. L'une, était de nature linguistique et l'autre, pour ainsi dire, esthétique. D'abord, l'adjectif « vieux », sonne ici comme une forme un peu ancienne que Mainard toléra peut-être mais que ses relecteurs jugèrent inacceptable. C'est la raison pour laquelle la version du manuscrit Conrart (t. XVIII) donne quant à elle « ton vieil engin », plus conforme à l'usage moderne

89 P. 109.

devant un mot jonctif et masculin. La seconde difficulté résidait probablement dans le fait que le terme « engin » désigne un outil et en général, par métaphore, le sexe masculin (quoique non exclusivement), ce que corrige le « con » de la version finale. En substituant celui-ci à celui-là, l'auteur de cette variante a rétabli le partage du vocabulaire tel qu'il s'organise dans les *Priapées* : l'« engin » est masculin, ou, pour le formuler plus précisément : viril et priapique, comme dans « Chaque Priape du vieux temps » (26), dans « Tes lèvres ont perdu leur rose » (42) et dans les « Stances » (49), et ne saurait y désigner le sexe d'une femme.

Dans le prolongement de cet exemple, au sujet de la recherche de formules qui s'acclimatent parfaitement dans le recueil et dans les textes, voici deux quatrains (dans la version du manuscrit 2943) qui illustrent le souci d'adéquation priapique :

> Voyez, Charlot, comme après vous
> Je galope à cotte levée.
> Vous avez le foutre si doux
> Que mon âme en est captivée.
>
> Votre jeunesse me ravit,
> Vous me semblez plus beau qu'un ange.
> Lorsque je songe à votre vit,
> Voilà mon con qui me démange. (53)

Dans un premier temps, Mainard avait écrit aux vers 7 et 8 : « Lorsque je songe à <blanc> / Voilà le mien qui me démange ». Le possessif masculin, qui ne peut renvoyer qu'au « con » de l'énonciatrice ; ce pourrait évidemment être son « cul », mais le mot-rime « ravit » empêche cette solution. Une telle aporie contraignit apparemment Mainard à s'interrompre afin de trouver une formulation adéquate. La leçon « Voilà mon con », absente du manuscrit autographe, dont nul ne sait qui l'a trouvée, dénoue la situation, et permet notamment de réintroduire le « vit » dans le texte. Que dire, enfin, de la leçon du premier quatrain de « Muse, trêve de modestie » (5), donnée par Ancillon[90] mais qui ne semble repérée nulle part ailleurs ? S'agit-il d'une réécriture personnelle ? De la copie d'un manuscrit qui n'a pas été identifié ? Un flou certain règne sur l'histoire et la circulation des textes ; leur genèse se présente comme une dynamique à plusieurs strates et, à certains égards, collective.

90 Voir *supra*.

On peut toutefois distinguer des profils différents parmi les intervenants : Mainard feint de camoufler de nombreux mots choquants et tient une position délicate à cerner les leçons imprimées et manuscrites (manuscrits Conrart, manuscrit 2943) semblent en partie autonomes et résoudre les blancs laissés dans les manuscrits autographes tout en proposant des versions des textes qui semblent parfois plus accomplies que ce que propose le manuscrit 843 en particulier[91].

LE MODÈLE LOINTAIN DES *CARMINA PRIAPEA*

Mainard a-t-il lu les *Priapeia* ou *Carmina Priapea* ? Ou bien faut-il plutôt envisager qu'il a fréquenté ce qu'on pourrait nommer la « littérature priapique » ? Cette expression désigne couramment une littérature dont l'univers fictionnel n'a pas nécessairement le dieu bouffon pour personnage, mais qui cherche à choquer le lectorat en se fondant sur des scènes et motifs sexuels ou d'esprit gaulois dans lesquels Priape peut apparaître de manière ponctuelle et pour la principale raison d'être associé à ses fameux organes génitaux. Ainsi, par exemple, dans *La Poésie priapique au XVIe siècle*, Marcel Coulon n'hésite pas à écrire dans sa préface, avec une certain justesse :

> le Priape moderne ne soulève pas les idées générales que l'Antique nous propose. Avec lui, la mythologie, la philosophie, la morale, tout ce qui permet la synthèse et même l'exige – cèdent la place à la simple littérature[92].

Cette « simple littérature » priapique qu'étudie Coulon dans son ouvrage est une poésie qui, de la Pléiade aux poètes satyriques, dilue le dieu romain dans un bain d'érotisme aux diverses colorations. Poésie priapique, priapées, voire « Priape » ne renvoient pas de manière directe aux *Carmina priapea*. C'est d'ailleurs ce qui arrive dans le recueil mainardien.

---

91 Naturellement, mais rien n'interdit de penser que les leçons retenues dans le manuscrit 2943 ne sont pas toutes mainardiennes et qu'on a simplement égaré l'étape ou les étapes intermédiaires entre les manuscrit toulousains et ce dernier. Encore faudrait-il pouvoir le démontrer.

92 Avec *Bois originaux de V. Le Campion*, Paris, Éditions du Trianon, 1933, p. 9.

La redécouverte des *Carmina priapea*, vers 1350[93] dans l'abbaye de Montecassino, est attribuée à Boccace, dont la copie manuscrite du corpus latin est la plus ancienne que l'on connaisse[94]. Cette copie se trouve aujourd'hui à la bibliothèque Laurentienne. On n'en connaît pas l'origine avant cette découverte. La description du manuscrit proposée par les conservateurs de cette bibliothèque[95] indique qu'il fut auparavant joint par Boccace à un autre manuscrit, une anthologie de textes latins, les deux manuscrits ayant été en partie constitués à partir de feuilles d'un graduel palimpseste du XIIIe siècle composé en écriture du Bénévent. C'est ce graduel que Boccace trouva à Montecassino.

On a longtemps considéré les *Priapeia* comme relevant du corpus virgilien et en particulier des œuvres de jeunesse du poète latin (*Appendix vergiliana*, avec les *Dirae* et le *Culax* – l'*Appendix* était alors appelée *Ludi juvenales*). Les copies puis les éditions du corpus priapique se multiplièrent en Europe à partir 1420. Mentionnons, pour exemples, l'édition vénitienne de 1517 par Alde Manuce où les *Priapeia* sont réunies avec d'autres poésies lestes ou l'édition de Leyde en 1573, avec commentaire de Scaliger[96].

La tradition poétique française depuis la Renaissance témoigne de cette présence un peu évanescente (au point de ne jamais apparaître chez Ronsard) du dieu des jardins dans l'imaginaire et la culture lettrés. Si Gary Ferguson peut déclarer que : « *Although in Renaissance France,* priapées *were not one of the most widely imitated classical models, they were, nevertheless, not without influence*[97] », cette influence doit tout de même être évaluée et précisée. Thomas Sébillet, en 1548, déclare par exemple, que : « nos farces sont vraiment ce que les Latins ont appelé mimes ou priapées. La fin et

93 Pas avant 1338 et sans doute plutôt vers 1362-1363. Toutefois, les années 1338-1348 pourraient aussi être les bonnes. Noter que c'est à cette occasion que Boccace découvrit également les épigrammes de Martial.

94 Marco Petoletti, « Boccaccio e i classici latini », *Boccaccio autore e copista*, éd. T. De Robertis, C. M. Monti, M. Petoletti, G. Tanturli et S. Zamponi, Florence, Mandragora, 2013, p. 41-49. Noter que cette copie n'est pas entièrement autographe, mais que les annotations et commentaires qui s'y trouvent sont tous de Boccace.

95 Biblioteca Medicea Laurenziana (Florence), sous la cote « Pluteo XXXIII, 31 ». Les *Carmina Priapea* se trouvent aux feuillets 39r-45v. Voir : http://www.bml.firenze.sbn.it/laformadelibro/sezioni_ing/scheda33.htm.

96 Voir Gary Ferguson, *Queer (re)readings in the French Renaissance : Homosexuality, Gender, Culture*, Ashgate, 2008, p. 178.

97 *Id.* (« Si les *Priapées* n'aient pas été parmi les modèles classiques les plus imités au cours de la Renaissance en France, elles n'ont cependant pas été sans influence du tout. »).

effet desquels était un ris dissolu : et pour ce toute licence et lascivie y était admise, comme elle est aujourd'hui en nos farces[98]. » Ne distinguant pas les *Priapées* des textes dramatiques, l'auteur de *L'Art poétique français* n'en retient que les dimensions comiques et lascives, comme deux traits bien connus et acceptés de cette écriture qu'il ne semble pas avoir observée avec beaucoup d'intérêt puisqu'il les associe à des genres dramatiques. Faut-il y voir une confusion avec le, ou une contamination du, drame satyrique ? Il est difficile de répondre à cette question.

Les deux textes de Jean-Antoine de Baïf intitulés « Priape[99] », quant à eux, entrent en écho de façon nette avec certaines adaptations d'épigrammes de Martial ; ils font apparaître un Priape déplorant que l'on ait « raboté » son « gros pilon » puis justifiant, sur un mode burlesque, sa nudité, en écho aux *Carmina Priapea* 8 et 9 : c'est pour satisfaire la curiosité des dames et exhiber, comme tout autre dieu, l'arme qui le définit. Ainsi, ces deux poèmes tissent un lien avec le corpus latin. Mais un tel lien demeure finalement assez exceptionnel. C'est le cas, un peu plus tard, dans le fameux ensemble de poèmes datés du début du XVIIe siècle, *Le Petit Cabinet de Priape*[100] : une veine qualifiée de « priapique » s'y déploie, qui excède le travail de traduction et d'adaptation de Martial ou Catulle pour désigner une poésie où les filières gauloise et érotique dominent largement sans que le dieu romain ne soit présent de manière déterminante dans les poèmes recueillis. Plus tardif encore, puisque vraisemblablement composé au milieu du XVIIe siècle, un petit dialogue anonyme et inédit, conservé dans le tome XVIII des manuscrits de Valentin Conrart, donne une image de Priape qui est même moins priapique, pour ainsi dire, que celle proposée par Baïf, qui finit par faire figure de cas isolé :

> Dis, Priape, nouveau venu
> Qui marchais tout seul et tout nu

98 *Art poétique français*, éd. F. Gaiffre [1910], mise à jour par F. Goyet, Paris, Nizet, 1988, p. 165.

99 *Œuvres en rime*, éd. C. Marty-Laveaux, Genève, Slatkine Reprints, t. 4, p. 242 (« Pourquoi, jeune sotelette ») et 281 (« Simple passant t'enquiers-tu »).

100 Manuscrit daté de 1611 par le bibliophile Guillaume Villenave à la fin du XVIIIe siècle et aujourd'hui perdu. Sur ce point, voir F. Lachèvre, *Le Libertinage au XVIIe siècle* [1909-1928]. Vol. V. *Les Recueils collectifs de poésies libres et satiriques publiés depuis 1600 jusqu'à la mort de Théophile (1626)...*, Slatkine Reprints, 1968, p. 549-550. Il en existe une édition datée de 1874 par Jules Gay : Neuchâtel, Presses de la société des bibliophiles cosmopolites ; rééd. : Bassac, Plein chant, « Bibliothèque facétieuse, libertine et merveilleuse », 2011.

Quand tu vins en cette province,
D'où te vient cet accoutrement ?
Qui t'a donné ce train de prince
Qui te suit si superbement ?

Réponse
Ignorant, qui crois tout savoir,
Si tu connaissais mon pouvoir,
Tu ferais quelqu'autre demande.
Sache donc pour toute raison,
Que partout où femme commande,
Je suis maître de la maison[101].

Le dieu Priape incarne une figure de séducteur, sans égard pour la complexité de son personnage antique, qui est surtout punitif, puisqu'il est supposé châtier sexuellement les voleurs de fruits et légumes, et au risque de se confondre avec d'autres figures culturelles de la sexualité masculine saisie sous un angle agressif. On le retrouve d'ailleurs dans le même recueil, quelques pages plus loin, invoqué pour soutenir un « catze languissant » dans le sonnet inédit qui suit :

Sainte Mère d'Amour, et toi Père Priape
Puissant dieu des jardins, vigoureux rougissant.
Las ! voyez en pitié ce catze languissant,
Aussi mou qu'une fripe, ou la couille d'un pape.

Le pourpre est effacé, qui colorait sa chape,
Il n'a plus le port fier, terrible et menaçant.
Mais dès qu'il trouve un con, sa dague va baissant
Et me faut rendre au bord le foutre qui m'échappe.

Donc, saintes déités, guérissez ma langueur,
Et soufflez en mon vit ma première vigueur,
Que la fièvre traîtresse a finement ravie ;

Ou bien s'il ne vous plaît contenter mon désir,
Ne souffrez que je vive exempt de ce plaisir
Car si je suis sans vit, je veux être sans vie[102].

Enfin, Guillaume Colletet rappelle que Priape pouvait également être une figure représentée dans les peintures du temps, sans modifier vraiment

101 P. 245.
102 *Ibid.*, p. 363. Texte non attribué, comme c'est le cas de tous ceux qui ont été recueillis dans ce volume.

la manière dont, depuis la Renaissance, d'une manière générale, on a fait de Priape un personnage poétique :

> « Fantaisie sur les diverses peintures de Priape »
>
> Sur les rives de Seine, une jeune Dryade
> Lasse d'avoir réduit un sanglier aux abois,
> Se reposait un jour à l'ombrage d'un bois,
> Sans craindre le péril qui naît d'une embuscade.
>
> Priape qui la vit, fut pris de son œillade,
> L'arrête, et veut sur elle attenter cette fois.
> Mais elle qui résiste aux amoureuses lois,
> Dédaigne cet amant si laid et si maussade.
>
> Lors, pensant amollir cette divinité,
> Il change sa laideur et sa difformité,
> Et prend nouvelle forme ainsi que fit Protée.
>
> Mais la nature en lui plus puissante que l'art,
> Ne se put pas cacher sous sa forme empruntée,
> Car toujours à la queue on connut le renard[103].

Malgré la pointe finale qui renvoie le lecteur au sexe de Priape, ce personnage, tel qu'il apparaît dans le sonnet, pourrait aussi bien, voire davantage que le dieu des jardins, être Pan ou un satyre : si Priape, à l'époque où Mainard compose ses *Priapées*, fait bien partie d'une culture lettrée dans laquelle on en fait usage dès que la poésie s'engage dans les veines gauloises, érotiques ou obscènes, la figure romaine s'y présente étiolée, réduite aux traits les plus saillants de la dimension comique de son personnage, jusqu'à se confondre indifféremment avec le personnage du satyre ou avec celui de Pan.

La comparaison des *Carmina Priapea* avec les *Priapées* et la traque intertextuelle se révèlent d'ailleurs peu fécondes : le rapport qu'entretient Mainard avec ce corpus latin est très lâche. La nature réelle de la figure divine romaine est entièrement absente de sa poésie : on n'y lit rien sur la statue de bois qui dit son inquiétude de servir à allumer un feu, d'être maltraitée, ou qui se plaint de la marginalité du monde du jardin sur

103 *Les Divertissements…* [1631]. *Seconde édition revue et augmentée par l'auteur*, Paris, J. Dugast, 1633, p. 214. Sur ce texte, voir Hugh Roberts, « Obscenity and the Politics of authorship in Early Seventeenth-Century France : Guillaume Colletet and the *Parnasse satyrique* (1622) », *French Studies*, n. 68, 2014, p. 18-33.

lequel elle est supposée régner. Et si, certes, un petit nombre de textes de Mainard, comme la « Prosopopée de Priape », font écho à certaines caractéristiques de la divinité bouffonne des jardins, les deux corpus ne se fondent pas sur la même anthropologie sexuelle, ne recourent pas aux mêmes codes moraux et culturels – autant de différences décisives qui contribuent à éloigner les *Carmina Priapea* des *Priapées.*

Bien sûr, l'on trouve dans les vers de Mainard des échos à certains motifs du corpus latin comme l'amour vénal, les vieilles femmes, laides, édentées ou chauves[104], la valorisation d'une masculinité virile, l'insatiable désir féminin qui conduit à l'adultère, l'incitation des femmes à ne pas feindre la pruderie[105]. Mais s'agit-il d'un intertexte priapique ou bien plutôt de souvenirs qui viendraient d'autres lectures épigrammatiques, latines et françaises ? Même la mention de la trente-troisième priapée latine dans les notes du copiste du manuscrit 2943, au sujet du texte « Chaque Priape du vieux temps » (26), ne semble pas faire la preuve indiscutable d'une présence réelle du recueil latin dans les *Priapées* de Mainard : si le texte latin s'appuie également sur le regret d'un temps plus heureux, il se conclut par une allusion poussée à la masturbation que Mainard ne suggère pas du tout. Au mieux, le texte latin est un point de départ pour son épigramme, ou bien, plus vraisemblablement, la proposition de source faite dans le manuscrit 2943 est une extrapolation.

Par ailleurs, la reprise en français d'un équivalent du titre donné aux textes réunis dans l'antiquité (« *chansons de*, et *chansons pour Priape*[106] »), la multiplication des bons mots et leur donner une importance majeure dans les poèmes, comme le faisaient l'auteur latin[107], ne suffisent pas à désigner les *Carmina Priapea* comme une source directe des *Priapées.* Et si, comme l'auteur latin, le poète français s'appuie sur la plasticité du vocable « Priape », qui désigne aussi bien le pénis que, par antonomase, un homme ayant un comportement de nature priapique (obsessions

104 Portrait de vieilles femmes qui font évidemment écho, sans que le lien puisse être établi, avec la tradition bernesque et en particulier avec « *Chiome d'argento fine, irte, e attorte...* » (« *Sonetto ala sua donna* ») de Berni lui-même (Francesco Berni, *Rime*, éd. S. Longhi, dans *Poeti del Cinquecento*, t. I, *Poeti lirici, burleschi, satirici e didascalici*, éd. G. Gorni, M. Danzi et S. Longhi, *Rime*, Milan-Naple, Riccardo Ricciardi Editore, « La letteratura italiana. Storia e testi », 2001, p. 758.

105 Voir les notes de la présente édition.

106 F. Dupont et T. Eloi, *Les Jeux de Priape. Anthologie d'épigrammes érotiques*, Paris, Le Promeneur, 1994, p. 8.

107 *Ibid.*, p. 15.

érotiques, vantardises concernant leur endurance sexuelle ou la dimension de leur pénis, etc.), et Priape lui-même (3, 16, 25, 26), c'est sans doute plutôt à Martial, qu'il emprunte ce dispositif stylistique. À en croire les *Menagiana*, Ménage dissait d'ailleurs, non sans perfidie, que : « Mainard réussissait merveilleusement bien après les originaux, comme après Martial, Catulle, et autres : mais il ne faisait rien de bon lorsqu'il travaillait de lui même[108] ». Ainsi, quand le sujet lyrique des *Priapées* évoque « [s]on Priape » (39, 41, 49) selon une métonymie alors courante[109] de surcroît, l'on pense par exemple aux épigrammes 55 et 77 du livre VIII des *Épigrammes* de Martial ; et quand il recourt à l'antonomase (un certain type d'hommes peut ainsi être appelé un « Priape » (25, 52)), l'on pense par exemple à l'épigramme 91 du livre VI du même poète. Mais Mainard aura tout aussi bien pu avoir à l'esprit la description de la statuette de Priape et son « pieu rouge[110] » dans la satire I, 8 (« Priape et les sorcières ») d'Horace.

En somme, la poésie strictement Priapique semble surtout connue des auteurs latins et il est, à l'inverse, nettement perceptible que Mainard accéda à la figure du petit dieu des jardins par le truchement des épigrammatistes latins, accédant à un imaginaire obscène qui est un appauvrissement de la véritable figure latine. La présence de clairs souvenirs des textes de Martial ou de Catulle parmi les principales sources des *Priapées* confirme qu'il a trouvé chez eux une inspiration générale sans avoir eu nécessairement à puiser dans les *Carmina Priapea*. Les éditions latines de Martial ou de Catulle à disposition étaient nombreuses et relayaient ainsi les *Carmina Priapea* de manière indirecte auprès des lettrés, jusque dans des traductions au cours du XVIIe siècle[111]. Dans

108 *Menagiana ou les bons mots et remarques critiques, historiques morales et d'érudition, de Monsieur Ménage, recueillies par ses amis*, Paris, Veuve Delaulne, 1729, t. II, p. 316. Noter que Richelet dit presque la même chose au sujet de Mainard. Selon lui, le poète « a l'élocution charmante, le tour de vers beau ; mais la fin de ses épigrammes n'est pas toujours heureuse et il ne réussit jamais mieux que quand il emprunte des anciens. » *Traité de l'épigramme* dans le *Recueil des plus belles épigrammes des poètes français. Depuis Marot jusqu'à présent. Avec des notes historiques et critiques, et un traité de la vraie et de la fausse beauté dans les ouvrages d'esprit. Traduit du latin de Mrs. de Port-Royal*, Paris, N. Le Clerc, 1698, t. 1, p. 74. Amsterdam, frères Wetstein, 1720, t. 1, p. 51-52.

109 Jean Auvray, *Le Banquet des muses ou les divers satires… contenant plusieurs poèmes non encore vus ni imprimés…*, Paris, D. Ferrand, 1623.

110 *Satires*, éd. bilingue F. Villeneuve, Paris, Les Belles Lettres, « Collection des universités de France », 1989, p. 91.

111 Martial connaît deux traductions au milieu du siècle : celle de Denis Sanguin de Saint-Pavin (ms. 5422 – manuscrit Conrart, t. XIII, p. 1089-1104 et 1147-1170) et celle de

ses *Priapées* comme dans *Le Petit Cabinet de Priape*, et comme dans les recueils collectifs de poésie satyrique des deux premières décennies du XVIIe siècle, le nom de « Priape », à l'instar de celui de « satyre » ou de l'adjectif « satyrique[112] » a une valeur générale qui réduit sa complexité sémantique antique à quelques traits qui nourrissent le discours choquant.

Ce qui semble lier Martial, Catulle, les poètes satyriques et Mainard, c'est la composition poétique de ce que Paul Veyne a nommé un « demi-monde[113] », placé sous l'égide de Priape ou du satyre. Dans sa contestation de l'idée que ce type de poésie serait purement fictif, Veyne affirme que les épigrammatistes latins parlaient d'un espace social réel, dévoilaient une dimension interlope de la société romaine, aux mœurs plus légères que la morale ne le souhaitait, et que les poètes élégiaques auraient donc fréquenté. Un tel dispositif rappelle celui mis en place dans les recueils collectifs de poésie satyrique, où tout semble converger vers l'idée que les auteurs évoquent des zones obscures, mal connues, et légèrement marginales de la société de leur temps[114]. Or comme on vient de le rappeler, du satyre à Priape, la différence est mince dans la production poétique du temps de Mainard, de sorte qu'il n'est pas sans intérêt d'examiner la manière dont les recueils satyriques innervent ses *Priapées*.

Pas plus que ceux-là, celles-ci ne sont la figuration d'une société réelle. La présence de quelques catégories sociales du temps (valets, muletiers, etc.) et de certains faits sociaux (arrangement des mariages, enjeux financiers derrières les unions, mariages dépareillées, etc.) dans le recueil de Mainard ne constitue pas le socle d'une représentation réaliste. Ses poèmes sont plutôt une stylisation des rapports entre hommes et femmes selon des codes qui ne s'accordent pas tout à fait pas avec le « monde », officiel et normé. Pour le dire autrement, le personnage de Priape, qui « couchait

---

l'abbé de Marolles, parue en 1655 puis retravaillée au cours des décennies suivantes. Le premier, dont les textes se trouvent dans les recueils manuscrits de Conrart, propose une adaptation particulièrement crue et laissant une large part aux pratiques homosexuelles qui se rencontrent chez l'épigrammatiste latin ; le second épure peu à peu son texte. Michèle Rosellini a commenté et comparé ces traductions lors du colloque de la SE17 à Rutgers University en novembre 2015. Sur le travail effectué par Marolles sur son texte, voir Jean-Christophe Abramovici, « Épurer l'héritage : l'abbé de Marolles, traducteur de Martial », *Littératures classiques*, 2011, n. 75, p. 153-166 – en particulier p. 159-160.

112 Voir G. Peureux, *La Muse satyrique (1600-1622)*, Genève, Droz, « Les seuils de la modernité », 2015.

113 Paul Veyne, *L'Élégie érotique romaine. L'amour, la poésie et l'Occident* [1983], Paris, Seuil, « Points/Essais », 2003.

114 Voir G. Peureux, *La Muse satyrique…*, *op. cit.*

entre deux concubines » et se montrait sexuellement actif « toute la nuit et tout le jour » (26), configure la représentation des genres et de leurs relations tels qu'ils sont figurés dans le recueil des *Priapées*. Il fait du sexe un investissement imaginaire. Il est ainsi frappant, comme on l'a vu, que l'inspiration y soit assimilée à un Pégase virilisé (3), dans un mouvement d'érotisation ou de sexualisation qui atteint jusqu'aux muses, invitées à devenir « lubriques » (5). Dans ce contexte, plusieurs types d'hommes apparaissent, tous caractérisés par leur rapport à la sexualité : il y a d'abord ceux qui s'intéressent aux hommes (auxquels sont consacrés quatre textes (23, 29, 31, 43) qui ne leur sont pas d'une hostilité aussi violente que c'est souvent le cas), les cocus, et ceux pour qui Priape est un modèle. Mais les *Priapées* dressent surtout le tableau d'une masculinité agressive – quand le sujet lyrique déplore les pratiques homo-érotiques de certains destinataires des poèmes, c'est pour leur conseiller de se faire, au moins en apparence, Priapes hétérosexuels (23, 29).

Pour ce qui concerne la description des personnages féminins dans le monde des *Priapées*, Mainard reprend les stéréotypes de la littérature misogyne du temps, abondamment relayée par les recueils satyriques : les femmes sont présentées comme sexuellement insatiables (11, 12, 20, 34, 40, 49, 53, 56), mimant la pudeur pour cacher qu'elles seraient en réalité les nymphes rêvées des Priapes (16, 18), ou bien se montrent vénales, sont vieilles et laides, punies par leurs excès érotiques et par conséquent châtiées de leur inassouvissement (10, 12, 19, 22, 36, 51, 55) ; elles servent de prétextes à l'invention d'images obscènes en tous genres – sexes gigantesques, corps meurtris et hideux, diverses monstruosités, etc. Ainsi représentées, elles menacent le mâle qui ne saurait la satisfaire et se retrouve *de facto* dévirilisé et menacé d'adultère. Les filles prudes, dans ce cadre, ne sont que de futures femmes inassouvies à qui des hommes révéleront leur vraie nature supposée. De tout cela, procède ce que l'on pourrait appeler la virilité du sujet lyrique pour qui Priape est un modèle venu d'un monde où nymphes et Priapes remplacent les femmes et les hommes. Ce *poeta gloriosus* (8, 14, 45, 53), qui se montre sacrilège à l'égard de la culture lettrée (8, 9), prend la suite des poètes satyriques qui ont abondamment nourri le marché poétique au cours des deux premières décennies du XVIIe siècle. Tout comme le satyre permet de configurer le monde des recueils collectifs de poésie satyrique, Priape permet à Mainard de parler du corps et de ses besoins les plus puissants. Précisément, parce que Priape est une figure divine simplifiée et réduite à quelques caractéristiques bien connues, il est un prêt-à-l'emploi opportun, à la fois prétexte et condition de possibilité d'un tel type de discours.

UN ENSEMBLE COMPOSÉ

Or ce discours prend forme et puissance dans un recueil qui semble avoir été fabriqué à cette fin. En effet, on peut penser sans risque de se tromper que les *Priapées* ont constitué pour leur auteur un recueil en soi, un recueil manuscrit, de poésies réunies en marge du recueil de 1646 mais non pas rejetées et réunies au hasard. Il s'agit d'un geste d'une audace surprenante : depuis le procès de Théophile de Viau, la publication des recueils satyriques s'était interrompue[115] et la poésie, ou tout autre mode d'écriture alors jugé érotique ou libertin se devait de trouver des modes de circulation moins exposés à la censure et aux attaques. La constitution d'un tel recueil le rendait potentiellement beaucoup plus visible que des textes circulant sur feuillets libres et sous le manteau. Par ailleurs, les recueils de ce type de poésie ont jusqu'à présent réuni des auteurs nombreux, avec des marges d'incertitude importantes quant à l'attribution des poèmes recueillis. Il n'y a guère de poésie satyrique ou priapique réunie en recueil sous le nom d'un seul auteur, à l'exception notable des recueils de Claude Le Petit[116]. Les *Priapées* constituent donc un ensemble particulièrement rare, pour ne pas dire unique, dont il serait regrettable de ne pas examiner l'organisation interne : ce serait manquer un travail manifeste d'organisation de la matière priapique et, de ce fait, sous-estimer l'importance que Mainard put accorder à ses textes, jusque dans le travail formel qui le caractérise et qui rappelle, dans la minutie de ses exigences et sa conscience métrique, la poétique malherbienne.

Avant d'en venir à l'examen de cette composition, commençons par deux types objections auxquelles il convient de répondre.

---

115 Voir G. Peureux, *op. cit.*

116 Voir l'édition de ses *Œuvres libertines*, éd. T. Pogu, Paris, Cartouche, « Classiques », 2012.

D'une part, certaines épigrammes des *Œuvres* de 1646 évoquent par leur teneur parfois gauloise la veine priapique ; on pourrait alors douter des critères ayant présidé à la formation des *Priapées* et, de ce fait, penser qu'il ne s'agit que des rebuts du volume de 1646 par exemple. En effet, certains poèmes comme « Ton mari paraît plus vieux », « Tu vis naître mes bisaïeux », « Vraiment la nature est lasse », « Catherine ne me plaît point » ou « Plusieurs siècles ont fait leur tour[117] » pourraient faire écho au recueil des *Priapées*. À cela s'ajoute que le même personnel lyrique apparaît dans les deux recueils, comme Lise, Colin ou Jeanne. Cela pourrait indiquer que rien ne différencie stylistiquement ou en termes diégétiques le recueil priapique du reste des œuvres de Mainard. Cependant, aucun des textes recueillis en 1646 n'atteint à la même crudité cruelle ou railleuse, gaillarde ou provocatrice des textes présentés ci-après[118]. Et le recours aux mêmes prénoms dans des recueils distincts n'est pas le signe de l'homogénéité des corpus qu'ils contiennent : les poètes les emploient indifféremment et de manière si conventionnelle qu'il serait fort délicat de vouloir leur attribuer quelque signification particulière.

D'autre part, on retrouve dans les *Œuvres* de 1646 la même approche des formes poétiques que dans les *Priapées* : ainsi, par exemple, les sonnets y sont tous « libertins » (les rimes des quatrains varient de l'un à l'autre : abab cdcd ou abba cddc, contrairement aux formes traditionnelles abba abba ou abab abab) et comme dans les *Priapées*, on y trouve une proportion particulièrement importante (quatre-vingt-quatre) de dizains et d'innombrables quatrains (dix textes sont composés d'un unique quatrain et douze sont composés de suites de quatrains). On peut voir en cela une forme d'homogénéité stylistique de Mainard qui éroderait les particularités supposées des deux recueils. Pourtant, il faut souligner qu'il n'y a rien de surprenant à ce qu'un auteur privilégie des formes poétiques tout au long de sa carrière sans relation déterminante avec les sujets qu'il traite : Malherbe lui-même composa des sonnets

117 Ed. Gohin, respectivement p. 76, 77, 100 et 103. Noter par ailleurs que les textes d'inspiration bachique ou représentant des scènes de cabaret (*ibid.*, p. 106) n'ont pas été retenues parmi les priapées. Le recueil n'était donc pas ouvert à toute inspiration légère ou comique, ce qui n'est évidemment pas anodin en termes de signification globale des *Priapées*.

118 Il est notable par ailleurs que les cinq textes parus en 1638 dans les *Pièces nouvelles* (*op. cit.*) sont précisément des textes satiriques, comme si Mainard avait souhaité minorer la part de textes au potentiel polémique de ses *Œuvres*.

obscènes et des sonnets de louanges adressées au roi et il ne viendrait à l'esprit de personne de contester que les uns ou les autres soient attribués au poète caenais.

Pour en revenir désormais à la manière dont les *Priapées* semblent relever d'une architecture pensée, l'on peut compter la représentation du monde qui se dégage de ce recueil et qui émane notamment de la manière dont il est organisé et composé.

Notons en premier lieu que se met en place dans les *Priapées* un cadre poétique qui rappelle celui d'un recueil traditionnel de poésie, avec, d'abord, la convocation de muses et la définition du lectorat idéal. Si les muses mobilisées sont invitées à devenir « un peu lubriques » (texte 5), c'est bien qu'il s'agit de feindre de demander une inspiration à la hauteur du dieu Priape. Les lecteurs et les lectrices, quant à eux, sont plus ou moins sommés d'adhérer à une éthique priapique et de passer leur chemin. Compte-tenu de la diffusion manuscrite du recueil, mode de circulation censé garantir le contrôle de la publication, il s'agit de faire, par jeu et avec la complicité du lectorat, comme s'il était question de sélectionner les lecteurs, entre ceux qui interrompraient la lecture après cette séquence de textes, et ceux qui la prolongeraient parce qu'ils seraient de bons lecteurs, inassouvis de plaisirs érotiques et désireux de se plonger dans un recueil où « Vénus » (l'amour) ne sera pas présentée sous les voiles de la fiction et de la bienséance (texte 1)[119].

Ensuite, les huit premiers textes du recueil s'enchaînent par leur lexique de manière tout à fait explicite : les premiers vers des textes 1 et 2 mentionnent le « lecteur » et le verbe « lire » ; les textes 2 et 3 parlent d'« effronterie » puis d'« effronté » ; les textes 3 et 4 citent la « censure » ; les textes 4 et 5 se font écho par l'emploi de mots obscènes et d'une périphrase ironique qui évite au début du texte 5 de mentionner le « vit » qui concluait le texte 4 ; le « vit » relie finalement les textes 5 et 6, tandis que la figure du « premier homme » dans ce dernier texte réapparaît sous le nom d'Adam dans le texte suivant ; et, enfin, la philosophie énoncée dans le texte 7 (« Sans foutre la vie est amère ») rejette brutalement l'autorité de « Socrate et Platon » évoquée dans le texte 8. Il ne saurait s'agir d'une succession de hasards (par exemple : 41-42, 51-52). Ce sont les signes au contraire d'une cohésion de l'ouverture des *Priapées* qui, de surcroît, n'est

119 Sur ce point, voir J.-C. Abramovici, *Obscénité et classicisme*, Paris, PUF, « Perspectives littéraires », 2003, p. 247-277 ; et G. Peureux, *La Muse satyrique…*, *op. cit.*, p. 147-171.

pas seulement lexicale, mais également thématique : le sujet lyrique s'y adresse, hormis dans le troisième texte adressé à « Pierre », à des destinataires non nommés et seulement caractérisés par leur statut de lecteurs (1, 2, 6) ou leur rapport à la poésie (les muses, dans le texte 5). Tout se passe comme si l'organisation de cette séquence de textes, capitale à l'échelle du recueil, avait été pensée pour produire l'effet d'un discours construit, suivi, grâce à l'enchaînement des poèmes qui la composent.

Ces premiers textes définissent enfin les contours et les enjeux du recueil par le rappel de ce qui fait selon Mainard le propre de l'épigramme, comme s'il définissait son projet poétique. Ce dernier contient le refus du détour stylistique (1, 3, 4, 5, 6) ; le recours à un vocabulaire choquant (5), qui inclut l'évocation du « maître des Antéchrists » (2), l'effronterie générale et l'audace des poèmes qui mènent à la défense de la « fouterie » (*id.*) ; l'énoncé d'une morale du plaisir (7) ; la mise en place de la figure tutélaire de Priape (6) ; le rejet brutal de « Socrate et Platon » (8) comme pour revendiquer une posture non lettrée et focalisée seulement sur les plaisirs du corps ; et, corrélativement, un autoportrait du sujet lyrique en Priape au « vit lubrique / Et toujours droit comme un bâton » (8), qui assume une position éthique rendue parfaitement claire par les provocations adressées aux mauvais lecteurs, prudes ou pieux.

Dans la suite, le recueil ressemble, toute chose égale par ailleurs, à une galerie de portraits où les jeunes et les vieilles, les Priapes et quelques « bougres », se succèdent voire s'enchaînent (par exemple : 24-25, 25-26, etc.), inventant et peuplant le « demi-monde » dont il a été question précédemment. Cette galerie s'achève avec le texte suivant, dont on donne seulement les premiers vers :

Adieu, Lise, je vais descendre
Où Malherbe fait des chansons
Pour divertir l'horrible gendre
De la déesse des moissons. (56)

Il n'est pas sans incidence que le seul nom de personne qui apparaisse dans tout le recueil soit celui de Malherbe[120]. Dans un texte qui annonce la mort du sujet lyrique à la fin du recueil, à l'instar de nombreux recueils poétiques, de tous genres, qui se closent avec des textes d'inspiration religieuse ou traitant de la mort, le nom du poète caennais résonne

120 Celui de Pierre Coton (texte 13) est employé par image plutôt que pour désigner l'abbé.

indubitablement comme un hommage placé en un lieu symbolique – signe ultime de la composition réfléchie du recueil. Si le travail formel effectué par Mainard dans les *Priapées* ne contredit pas le reste de sa production poétique, c'est une forme de signature stylistique en même temps qu'un puissant facteur de cohésion du recueil.

UN RECUEIL MALHERBIEN

Dans son anthologie des épigrammatistes français, César-Pierre Richelet écrivait au sujet de Mainard :

> On a toujours remarqué dans les vers de Mainard beaucoup de facilité, une clarté, une élégance, et un certain tour qui ne se peut imiter que difficilement. Deux choses ont produit ce bel effet : premièrement, Mainard affecte de détacher tous ses vers les uns des autres, d'où vient qu'on en trouve fort souvent cinq ou six de suite dont chacun a son sens parfait. Secondement, il observe partout une construction simple et naturelle, où il n'y avait ni transposition ni contrainte ; et quoiqu'il travaillât avec un soin incroyable, il semble néanmoins que les mots se soient venus placer d'eux-mêmes dans les endroits où ils sont. C'est plutôt pour ses épigrammes qu'on lui a donné tant de louanges, que pour le reste de ses ouvrages[121].

Deux qualités de notre auteur ressortent de cet éloge : d'une part, sa capacité, rare, à écrire en continu des vers dans lesquels la concordance forme-sens est respectée, et, d'autre part, la simplicité de sa langue, qui est supposée être en miroir de l'usage, ce qui aboutirait à l'impression de naturel. On retrouve dans ces propos certaines des qualités généralement attribuées à Malherbe et qui s'adossent à un imaginaire national selon lequel la poésie est le reflet ou le prolongement d'un bon usage en même temps qu'un discours dont l'aspect rhétorique le plus accompli, la figure principale, doit être la concordance métrique. En effet, dans la mesure où, dans la conversation, la dernière voyelle masculine de toute proposition est rythmiquement marquée, il convient qu'il en soit de même dans les vers sans quoi la logique même de la langue se perdrait, ce qui doit s'effectuer sans la moindre tolérance pour toute forme de discordance.

121 *Recueil des plus belles épigrammes des poètes français*, *op. cit.*, p. 112-113.

Or la fidélité de Mainard à Malherbe se ressent à plusieurs niveaux[122] dans les *Priapées* et révèle même une exigence poétique qui dépasse celle du poète caennais. On note notamment dans sa poésie et dans les *Priapées* en particulier le souci de la composition des sizains et des quatrains et la recherche de césure médiane dans ces strophes ; la recherche de concordance métrique et le rejet des discordances ; l'évitement de la rime assonantique au bénéfice d'une rime avec consonne d'appui ; le choix de l'octosyllabe et celui du sonnet libertin.

Dans l'esprit malherbien, les quatrains ont une césure médiane et plus rarement après le premier vers tandis que le sizain se doit d'être clairement composé de deux tercets que la syntaxe met en évidence[123]. On retrouve dans les *Priapées* le respect de ces principes de composition, une tendance très marquée à composer les quatrains en 2-2, avec quelques exceptions où l'on peut identifier une césure de strophe après le premier vers, mais également des sizains qui sont exclusivement composés en 3-3, la césure de strophe n'en étant jamais affaiblie. De même, la concordance entre les articulations métriques et les articulations syntaxiques est systématique dans les vers. Les rimes, quant à elles, ne possèdent pas toutes de consonne d'appui en commun, mais la voyelle de la rime est en général suivie de consonance sur sa droite. On dénombre huit cas de rime restreinte à une assonance, mais il faut nuancer l'impression d'anomalie. En effet, quatre cas concernent le mot-rime « aujourd'hui » (7, v. 6-7 ; 24, v. 5-6 ; 26, v. 9-10 ; 31, v. 5-6) particulièrement difficile à apparier, et il en est de même avec le mots-rimes « emploi » (39, v. 6-8), « téton » (48, v. 5-6), « quoi » (49, v. 35-36) et « tombeau » (49, v. 63-64). Et enfin, on n'identifie aucune rime du simple avec le composé. On peut donc dire que si Mainard recourt à quelques rimes particulièrement pauvres, c'est seulement dans des cas contraints par la pauvreté du choix rimique offert par la langue.

Par ailleurs, Mainard recourt abondamment à l'octosyllabe, dans des proportions supérieures à celles que l'on rencontre chez Malherbe[124]. Ce choix vient peut-être de la légèreté thématique du recueil, pour laquelle les vers brefs semblent mieux adaptés que l'alexandrin ; mais il est

122 Il n'est pas possible, dans les limites de cette présentation, d'examiner précisément l'ensemble des éléments stylistiques de l'écriture de Mainard qui pourraient être malherbiens et l'on doit se contenter de quelques traits significatifs.

123 René Fromilhague, *Malherbe. Technique et création poétique*, Paris, Colin, 1954, p 365-372 pour le sizain et 399-401 pour le quatrain.

124 *Ibid.*, p. 168-176.

possible aussi qu'il s'agisse de suivre une mode du siècle puisque le dizain isométrique d'octosyllabes est une forme très répandue au XVIIe siècle[125]. Et il ne faut pas oublier que c'est bien Malherbe qui a popularisé les suites de quatrains d'octosyllabes et en a répandu l'utilisation.

Enfin, il faut noter que les nombreux dizains de Mainard ne sont pas des sonnets qui seraient amputés d'un quatrain. La constitution de ces dizains est métriquement descriptible. Il s'agit d'un quatrain suivi d'un sizain, association de deux formes strophiques classiques (*id est* composées de structures binaires (formes dominantes : ab+ab et aab+bcc et variantes de la normale) elles-mêmes associées par deux). Il aurait été possible d'associer deux quintils, mais c'eût été un combinaison moins classique malgré la symétrie des deux éléments qui auraient alors composé le dizain. En somme, Mainard a composé des dizains avec le matériau métrique à sa disposition et il n'est ni juste ni fructueux d'imaginer qu'il pourrait s'agir d'une forme de sonnet tronqué (amputé de son premier quatrain).

Au demeurant, c'est sans doute en raison de l'embarras de la rime qu'il dénonçait dans le sonnet classique que Mainard n'a écrit que des sonnets libertins. Il dénonçait, par exemple dans une lettre à Chapelain, « la rigueur du sonnet qui demande trop de rimes semblables[126] ». Mais il faut sans doute mettre au crédit de l'acuité métrique de Mainard cette persévérance à employer la forme du sonnet libertin que Malherbe et ses autres disciples avaient fini par abandonner : le huitain du sonnet traditionnel, avec quatrains unissonnants, est une forme d'archaïsme, une trace de métrique médiévale dans la poésie métrique classique qui exclut les strophes unissonantes. Paradoxalement, le sonnet libertin est métriquement plus classique que la forme traditionnelle du sonnet.

Loin d'être un lieu de fantaisie ou d'audaces métriques, les *Priapées* forment donc au contraire un recueil poétique formellement élaboré et cohérent que la thématique priapique ne saurait avoir empêché. Mainard y fait montre de sa maîtrise de l'écriture en vers, dans le sillage de Malherbe, mais également dans un prolongement ou un accomplissement exigeant de la réforme de ce dernier[127].

---

125 Voir Philippe Martinon, *Les Strophes. Étude historique et critique sur les formes de la poésie lyrique en France depuis la Renaissance. Avec une bibliographie chronologique et un répertoire général*, Paris, Champion, 1912, p. 84 et suiv.

126 *Les Lettres…*, *op. cit.*, p. 416.

127 L'empreinte de cette dernière et cette poétique mainardienne (dont on ne présente ici que quelques aspects) se montrent si sensibles dans les *Priapées* que cela confirme que leur

On pourra enfin souligner que Malherbe, que l'on surnommait parfois le « Père luxure[128] », fut notamment l'auteur de cinq sonnets pornographiques et qu'à ce titre il eut sans doute sur Mainard une influence moins exclusivement technique qu'on le penserait[129] et que ce dernier trouva chez le poète caenais, et dans son entourage, une liberté nouvelle que véhiculent les *Priapées*.

UNE ORIENTATION LIBERTINE

La cohérence des *Priapées* en tant que recueil, c'est-à-dire comme ensemble de textes réunis parce qu'ils forment un tout, que ce tout émerge du recueil ou ait présidé à la rédaction des poèmes, apparaît donc désormais clairement. À ce titre, il convient enfin d'examiner les effets propres à ce recueil : ainsi disposés, les uns à la suite des autres, par des jeux de renvois et d'échos les uns aux autres, etc., les textes se combinent et produisent des effets qui procèdent de la mise en recueil et ne se produiraient peut-être pas, ou de manière différente, si on lisait les poèmes isolément. On l'a suggéré, le cœur des *Priapées* forme une sorte de galerie de portraits qui, à la lumière des textes d'ouverture, s'impose comme la présentation plaisante et provocatrice d'un monde parallèle dans lequel semblent régner des codes moraux inacceptables par ailleurs. Il ne faut donc pas sous-estimer les liens qui peuvent exister entre des priapées mises en recueil et la représentation libertine du monde que sous-tend ce dernier. Les *Priapées* illustreraient alors un usage libertin de la poésie dont la première caractéristique est évidemment le « thème érotico-sexuel » placé au cœur de la production libertine[130].

---

rédaction s'effectua dans le même temps que les poèmes réunis en 1646. C'est également un facteur non négligeable d'attribution du recueil.

128 Gédéon Tallemant des Réaux, *Historiettes*, éd. A. Adam, Paris, Gallimard, « Bibliothèque de la Pléiade », 1960, t. 1, p. 106.

129 C. Drouhet affirme, quoique sans apporter de preuve ou de source, que « Malherbe apportait dans l'examen des pièces gaillardes de son disciple [Mainard], le même soin attentif que dans la correction de ses poésies avouables » (*Le Poète...*, *op. cit.*, p. 78). Surtout, pour Michel Jeanneret (« 'Et du branle public et du leur' », *Réforme, Humanisme, Renaissance*, n. 68, 2009, p. 63-73), les sonnets en question marquent justement le passage d'un érotisme de la Renaissance à la pornographie qui trouvera refuge notamment dans les recueils collectifs de poésie satyrique.

130 Voir Sophie Houdard, « De l'allusion obscène au théâtre de la débauche. Le palimpseste obscène de Pierre-Corneille Blessebois », *Les Cahiers du Centre de Recherches Historiques*

Si, comme on l'a dit, Priape est une figure lointaine, utilisée par la plupart des poètes comme un motif qui rappelle celui du satyre, défini par son appétit sexuel et sa virilité brutale[131], il faut cependant se rappeler qu'il est avant tout dans l'imaginaire romain un dieu stérile. Comme le soulignent Florence Dupont et Thierry Eloi, il est « le saint patron des amours stériles » et préfère donc célébrer la fellation et la sodomie[132] : les pratiques sexuelles sont évidemment déconnectées de toute intention de procréation dans les *Carmina Priapea*. Même si l'anthropologie sexuelle est différente entre les deux corpus, l'intertexte priapique ou plus vraisemblablement épigrammatiste (Martial, Catulle, etc.) reste présent dans les *Priapées*. Autrement dit, quel que soit le travail effectué par Mainard pour mettre à distance certains aspects de l'imaginaire érotique romain, celui-ci ne peut pas être totalement absent ni oublié par ses lecteurs : cette dimension de la sexualité priapique, problématique dans un monde catholique, résonne dans les vers de Mainard. Le terme de « priapée » ne saurait seulement désigner une poésie obscène entièrement déconnectée du dieu romain – le nom de Priape est trop présent dans le recueil pour cela ; et la dimension problématique ou subversive des *Carmina priapea* au milieu du XVIIe siècle ne peut pas ne pas se diffuser malgré tout dans les vers de Mainard.

Le choix de constituer un recueil distinct des *Œuvres* n'est pas anodin et révèle la claire conscience qu'avait Mainard que les priapées étaient d'un autre genre de poésie que celles recueillies par Gomberville. Une épigramme latine (« *Ad lectorem* »), publiée dans les textes d'accompagnement du recueil de 1646 et attribuée à un certain Jean de Peyrarède, de Bergerac, voit en notre auteur le premier épigrammatiste de France :

> *Maenardus tibi, Lector, exhibetur.*
> *Alter Gallico in orbe Martialis*
> *Mellitis Epigrammatum sagittis,*
> *Et doctis salibus, facetiisque*[133].

[En ligne], 33 | 2004, mis en ligne le 05 septembre 2008, consulté le 07 janvier 2016. URL : http://ccrh.revues.org/242 ; DOI : 10.4000/ccrh.242.

131 Voir G. Peureux, *La Muse satyrique…*, *op. cit.*

132 *Les Jeux de Priape…*, *op. cit.*, p. 11.

133 Éd. citée, n. p. (« *Lecteur, Mainard se présente à toi, / Nouveau Martial en terre française / Par les flèches emmiellées de ses épigrammes / Ses piques et ses douces plaisanteries pleines d'érudition.* »)

Habile à allier le piquant (« *salibus* ») et l'enrobage de douceur (« *mellitis* » et « *facetiis* »), Mainard ne correspond nullement dans ce portrait au Mainard des *Priapées*[134]. Cela conforte l'idée que les textes qui, dans l'édition de 1646, pourraient avoir quelque ressemblance avec ceux de notre recueil, n'étaient en fait pas perçus au XVIIe siècle comme assimilables à ceux des *Priapées*. Quoique légèrement plus tardif, le commentaire du propriétaire du manuscrit 2942 confirme cette claire différence pour des lecteurs de l'Ancien Régime. Dans la marge de la version imprimée du texte suivant :

> Jean, tu m'appelles effronté
> Et dis que ma plus s'échappe
> Avecque trop de liberté,
> Alors qu'elle écrit de Priape.
>
> La netteté de mon discours
> Ne cherche jamais les détours :
> Ils sont nuisibles à sa grâce.
>
> Cesse de t'opiniâtrer.
> Pégase, que tu veux châtrer,
> N'est pas un cheval pour la chasse[135].

il écrit :

> Cette épigramme regarde ses *Priapées* qui ne sont pas imprimées ; il n'y a rien dans le vol.[ume] de ses œuvres qui puisse blesser la pudeur et sur quoi il ait lieu de chercher à s'excuser, même en plaisantant.

La particularité des *Priapées* se trouve sans doute dans la recherche de la pointe qui ne manque pas de conclure chaque poème, quand il ne s'agit pas de chaque strophe dans les quelques textes un peu longs. On y trouve immanquablement une image inattendue, souvent obscène ou choquante. Mainard, en bon épigrammatiste[136], cultive la brièveté

134 Dans son mémoire de master, Frédéric Graça commente les textes d'accompagnement de l'édition de 1646 (*François Mainard : le Martial français ? Étude des épigrammes recueillies dans les* Œuvres de Mainard *(1646)*, dir. M. Magnien, université de Paris 3 – Sorbonne nouvelle, 2013).

135 *Op. cit.*, p. 158.

136 Sur l'importance de la pointe dans la définition même des épigrammes, voir Michel Magnien, « Scaliger et Colletet théoriciens de l'épigramme » actes du colloque de Nanterre (juin 2014), éd. N. Cernogora, E. Mortgat et G. Peureux, Paris, Champion, à paraître. Et sur Mainard

et l'efficacité. Pourtant, dans une lettre adressée à Jacques Frémin, il prenait position contre la vogue des pointes :

> il semble que vous demandez que mes vers soient pointus, et si je pouvais je voudrais fuir les pointes, et m'éloigner du style des Espagnols et des déclamateurs. À mon goût les poésies aiguës ne sont pas les meilleures, et le bon siècle de la latinité qui me sert de règle, les a toujours rejetées : si l'on énerve notre poésie, il sera malaisé que nous fassions rien de sublime, et si avec vos rigueurs je voulais examiner tout ce que la France a produit de vers jusques ici, le nombre des bons serait si petit, que Camusat les aurait imprimés en moins de temps qu'il n'en faut à Renaudot pour imprimer la *Gazette* d'une semaine[137].

À la lecture des *Œuvres* de 1646, il est difficile de croire complétement à ce rejet des pointes par Mainard. Mais sans doute cédait-il à la pression du temps (« si je pouvais… »), relayée par Malherbe lui-même qui reprochait à ses épigrammes « de manqu[er] de pointes[138] ». Car leur systématicité dans les *Priapées* est incontestablement un facteur stylistique supplémentaire de l'unité du recueil en même qu'un lieu rhétorique et poétique particulièrement sensible. En effet, les images produites par les vers terminaux des cinquante-six textes du recueil comprennent notamment les mots suivants : « bâton » (42) ; « branler » (22) ; « chevaucher » (21, 47) ; « cocu » (31, 50 ; à proximité du mot « cu[l] ») ; « con » (36, 38, 52) ; « couilles » (20), « cu[l] » (25, 36 et 41) ; « foutre » (8, 14, 23, 33, 34, 35, 40, 45, 46) ; « mulet » (8, 44) ; « Priape » (16, 24) ; « trou » (54) ; et « vit » (4, 5, 9, 28). Ce vocabulaire qui se veut choquant et qui est associé à des images, à des énoncés ou à des figures de style qui le sont tout autant, est destiné à scander la fin des poèmes de manière mémorable. Une telle accumulation donne au recueil une unité qui dépasse celle du registre, de l'inspiration ou de la veine stylistique et ne saurait être réduite à un simple jeu provocateur ou libre de toute incidence. Car si le sujet lyrique se révèle changeant dans les *Priapées*, au sens où il endosse diverses *persona*, de Priape à la figure de poète, sans oublier celle de l'amant mourant d'excès amoureux, d'une femme, d'un fanfaron ou d'un tentateur, etc., il n'en demeure pas moins qu'il ressort du recueil

---

épigrammatiste, voir Yves Giraud, « Aspects de l'épigramme chez Mainard », *Mainard et son temps*, Toulouse, Publications de l'université de Toulouse-Le Mirail, 1976, p. 75-94.

137 *Les Lettres…*, *op. cit.*, p. 655.

138 Racan, Honorat de Bueil de, *Vie de Monsieur de Malherbe*, éd. M.-F. Quignard, Paris, Gallimard-Le Promeneur, « Le cabinet des lettrés », 1991, p. 71.

une impression de cohérence et de constance : que le sujet lyrique parle ou fasse parler des personnages, le lecteur croit toujours entendre aussi la voix de Priape. Cette homogénéité vient du regard ou du point de vue que chacun de ces personnages déploie, sans écart axiologique ou idéologique, alors même que le recueil est celui d'un seul auteur, figure qui semble lui donner une ligne et force doctrinale.

C'est ainsi que l'affirmation hétéronormative que répète chaque texte procède d'un discours libertin qui se dissémine dans le recueil sous la forme d'énoncés, d'images et d'une représentation générale de la société à travers les relations amoureuses et sexuelles entre femmes et hommes. Mainard ne laisse jamais longtemps la lyrique amoureuse d'inspiration pétrarquiste se développer :

Beauté, qui faites la tempête
Dont Amour afflige mes jours,
Trêve de cet amour honnête
Dont Platon traite en ces discours.

Pour moi, de qui le vit lubrique
Est toujours droit comme un bâton
Et rouge comme une rubrique,
Je fous Socrate et Platon. (8)

Passés les deux premiers vers de ce poème, tout n'est plus que sacrilège plaisant à l'égard de figures vénérées et obscénités priapiques : le souci de la satisfaction des désirs masculins, énoncé au vers 3, ne donne lieu qu'à des provocations de divers ordres. Le cadre a été mis en place dans le poème précédent :

Sans foutre, la vie est amère ;
Qui bien fout gagne paradis.
Adam ne se plaisait jadis
Qu'à foutre notre antique mère.

Nous, qui sommes venus de lui,
A quoi butons-nous aujourd'hui
Qu'à baiser en toutes postures ? (7)

Sorte de credo libertin, ce début de dizain énonce une morale du plaisir (v. 1), renverse la *doxa* religieuse (v. 2), voire les lieux commun médicaux en faisant de la pudicité la cause de la cécité de Pasithée (15), fait d'Adam un Priape (v. 3-4), et réduit l'humanité au désir érotique dégagé du souci de procréation. Ce sont autant de motifs qui se déploient au fil du recueil. On y lit, notamment : des incitations à la jouissance et à profiter de la vie, parfois contre les interdits religieux, Jeanneton est ainsi invitée à revenir « dans encore des ballets » et à mettre « au feu ces longs chapelets / Et ce grand voile qui [la] couvre » (13) ; mais on constate aussi une utilisation impertinente des Écritures et la présence d'accusations d'hypocrisie adressée à des gens d'Eglise ou à des personnages qui se drapent dans leur piété, ainsi qu'à des « filles » qui ne veulent pas sacrifier à Priape, à qui il est rappelé que :

> Ces dévots à petit collet,
> De qui l'apparence vous dupe,
> Quand ils disent leur chapelet,
> Ont leur esprit sous votre jupe. (45)

L'on apprend également, trois textes plus loin, qu'un certain frère Jean n'est pas si « dévotieux » et que :

> … son instrument de mulet
> Fond sur la motte des pucelles
> Comme un milan sur un poulet. (48)

Et l'on découvre enfin une critique des mensonges et artifices moralisés émanant de la bible, comme lorsqu'à propos de Priape, Mainard écrit :

> C'est lui qui peuple les provinces,
> Qui met les sujets et les princes
> Dans un plaisir qui les ravit,
>
> Et que la sœur du premier homme
> Sans rougir appelait un vit
> Avant qu'elle eût mangé la pomme. (6)

Cette insistante accumulation de motifs obscènes et de provocations crée un réseau d'éléments signifiants qui feraient penser que la liberté de parole de Priape a trouvé un espace de déploiement dans le recueil de Mainard : il s'agit de dénoncer des faux-semblants et de saper les fondements religieux d'une morale qui entrave tous les Priapes du monde, dont le rapport à leur propre nature, à ce qui serait la nature humaine, serait le seul qui soit bon.

Si Mainard s'autorisa à écrire une telle poésie et à en faire un recueil, c'est sans doute qu'il prit quelque plaisir à déployer sa verve pour déployer un tel imaginaire. La figure auctoriale qui en ressort est marginalisée au regard de celle constituée par le recueil de 1646. La série d'opérations qui consista à écrire les textes, à les sélectionner en les excluant des *Œuvres* à l'ombre desquelles se développèrent les *Priapées*, à les réunir et à les ordonner, puis à les faire circuler (avec ou sans remords ultérieurs) sous forme manuscrite, confirme l'impression que Mainard élabora en toute conscience une posture libertine.

Écrire des priapées et intituler le recueil du nom de ce petit dieu des jardins ne saurait donc passer pour une sorte de foucade qui aurait été aussi passagère qu'insignifiante. Et comme Priape exhibe son sexe, Mainard exhibe à sa manière le dieu romain quand il n'est à cette époque que rarement mentionné. Dans ce geste de monstration ou de dévoilement impudiques de ce qui ne se montre pas en principe, on identifie une entreprise obscène qui consiste à faire surgir dans la poésie la puissance fondamentale du sexe comme objet du déploiement d'un imaginaire et d'un plaisir d'écrire où l'euphorie peut côtoyer l'effroi de corps déformés et décharnés, sales et malades.

Alice Batier-Combes, Iptisame Baccouche, Paola Crupi, Jérôme Gigaud, Inasse Lajnef, Clara Lerousseau, Juliette Marchand, Kathy Mayou, Clarisse Normand, Marthe Jannecke Pouyanne et Elora Seyeux, les étudiants qui suivaient mon séminaire à Nanterre à l'automne 2015 ont été, par leurs suggestions et leurs questions, indispensables à la préparation de cette édition. Je les en remercie vivement.

Paris, mars 2016.

NOTE SUR L'ÉDITION

La version des *Priapées* qui sert de texte de référence à cette édition est celle du manuscrit 2943 de la bibliothèque de l'Arsenal (Paris). Ce manuscrit constitue l'état le plus complet de cet ensemble de poèmes. La présente édition suit l'ordre d'apparition de ces derniers ainsi que la mise en forme des strophes qui les composent. Il a cependant été parfois nécessaire d'introduire un alinéa entre certaines strophes afin d'homogénéiser la présentation ainsi que de favoriser la perception de la composition des textes.

L'orthographe du manuscrit 2943 n'est pas celle de Mainard : certains accords grammaticaux, certains choix d'orthographe lexicale, etc., mais aussi des interventions dans les textes, ne sauraient en aucun cas dater du premier XVIIe siècle[1] et divergent d'ailleurs des textes autographes qui sont à notre disposition. La modernisation du texte de Mainard, ainsi, par souci d'homogénéité, que de toutes les références et citations anciennes, imprimées et manuscrites, s'imposait donc. L'usage des lettres majuscules (hors noms propres, débuts de vers et de phrase) a également été modernisé.

Il n'a pas semblé pertinent de conserver « c » pour « con », « v. » pour « vit » et « f...tre » pour « foutre », etc. Il est d'ailleurs impossible de savoir s'il s'agit de choix du copiste du manuscrit 2943, de Mainard, voire d'un scripteur intermédiaire, mais on signale en note ces abréviations.

La ponctuation du manuscrit 2943 n'est pas plus fiable que son orthographe : elle est rare et ne semble pas répondre à des principes clairs et constants. Par ailleurs, les imprimés et surtout les manuscrits qui contiennent des priapées ne sont pas ponctués de manière identique, de sorte qu'il a semblé d'autant plus logique de proposer une ponctuation des poèmes qui fût compatible avec nos usages et avec l'écriture poétique mainardienne.

1 Voir l'Introduction et *infra*, dans les notes, les interventions du copiste et ses propositions de variantes.

Les variantes des textes des *Priapées* ont été trouvées dans les recueils manuscrits et imprimés donnés ci-dessous. Voici la manière dont ils sont cités dans les notes :

- Ms. 2943 – édition des *Œuvres* de 1646, interfoliée et suivie des *Priapées* manuscrites – Bibliothèque de l'Arsenal, Paris : ms. 2943.
- Ms. 4123 – Recueil Conrart, t. XVIII – Bibliothèque de l'Arsenal, Paris : ms. Conrart 18.
- Ms. 4126 – Recueil Conrart, t. XXI – Bibliothèque de l'Arsenal, Paris : ms. Conrart 21.
- Ms. 843 – Bibliothèque Municipale de Toulouse : ms. 843.
- Ms. 844 – Bibliothèque Municipale de Toulouse : ms. 844.
- *Recueil des plus excellents vers satyriques de ce temps. Trouvés dans les Cabinets des Sieurs de Sigogne, Régnier, Motin, qu'autres, des plus signalés poètes de ce siècle*, Paris, A. Estoc, 1617 : *Rec. plus ex. vers sat.*, 1617.
- *Le Cabinet satyrique ou recueil parfait, des vers piquants et gaillards de ce temps. Tiré des secrets cabinets des sieurs de Sigogne, Régnier, Motin, Berthelot, Mainard et autres des plus signalés poètes de ce siècle. Nouvelle édition, revue, corrigée, et de beaucoup augmentée*, Paris, P. Billaine, 1618 : *Cab. Sat.*, 1618.
- *Le Cabinet satyrique ou recueil de vers piquants et gaillards tirés des cabinets des Sieurs de Sigogne, Régnier, Motin, Berthelot, Mainard, et autres des plus signalés poètes*, Au Mont Parnasse, de l'imprimerie de messer Apollon, l'année satyrique, t. 1 : *Cab. Sat.*, année sat.
- *Recueil des plus beaux vers de messieurs Malherbe, Racan, Monfuron, Mainard, Boisrobert, L'Estoile, Lingendes, Touvant, Motin, Mareschal et autres des plus fameux esprits de la cour, par le commandement de Monseigneur le comte de Moret*, Paris, T. du Bray, 1627 : *Rec. des plus beaux vers*, 1627. *Recueil des plus beaux vers de Messieurs De Malherbe, Racan, Mainard, Boisrobert, Monfuron, Lingendes, Touvant, Motin, De L'Estoile, et autres divers auteurs des plus fameux esprits de la cour. Revus, corrigés et augmentés*, Paris, T. du Bray, 1630 – *Rec. des plus beaux vers*, 1630.
- *Œuvres de Mainard*, Paris, A. Courbé, 1646 : *Œuvres…*, 1646.

Outils utilisés :

- Di Stefano, Giuseppe, *Dictionnaire des locutions en moyen français*, Montréal, CERES, « Bibliothèque du moyen français », 1993 : Di Stefano.

– Oudin, Antoine, *Curiosités françaises, pour supplément aux Dictionnaires ou Recueil des plus belles propriétés, avec une infinité de proverbes et quolibets, pour l'explication de toutes sortes de livres*, Paris, A. de Sommaville, 1640 : Oudin.

RECENSEMENT DES VERSIONS DES *PRIAPÉES*[1]

Manuscrit 2943 de la bibliothèque de l'Arsenal, Paris (pages)

1 On donne le premier vers de chaque poème dans sa version du ms. 2943.

Ms. 4123 – Recueil Conrart, t. XVIII – Bibliothèque de l'Arsenal, Paris (pages)

Lecteur, dont le grave sourci	208
Muses, trêve de modestie	241
N'espère pas, Alix, que je te baise	253

Ms. 4126 – Recueil Conrart, t. XXI – Bibliothèque de l'Arsenal, Paris (pages)

La plus verte de nos saisons	946
Lise, il n'appartient qu'à des fous	948
Lise, qui veux soir et matin	959
Lise, ton esprit est si rare	982
Que sert-il d'user de remise	947
Rides, que vos difformités	958
Sache, lecteur, que je me pique	981
Toutes les femmes s'étonnent	945

Ms. 843 – Bibliothèque municipale de Toulouse (feuillets)

A voir le maintien arrogant	38r
Avec vos haillons de satin	49r
Beauté, qui faites la tempête	37v
Calliste fait la réservée	76v
Cessez, Paulette, de nous dire	37v
Chaque Priape du vieux temps	210v
Ci-gît le phénix de son âge	59r
Filles, vous choquez le bon sens	207v
Frère Jean n'est point de la bande	77v
Jeanne fait bien de la doucette	40v
Jeanne, dont les yeux m'ont vaincu	207v
Jeanne, ta mine et tes discours	93v
La plus verte de nos saisons	65r
Lecteur, dont le grave sourci	48r
Lise, il n'appartient qu'à des fous	55v
Lise, qui veux soir et matin	193v

Ms. 844 – Bibliothèque municipale de Toulouse (feuillets)

Recueil des plus excellents vers satyriques de ce temps…, 1617 (feuillets)

Le Cabinet satyrique…, 1618 (page)

Le Cabinet satyrique…, année satyrique (page)

Recueil des plus beaux vers, 1627 (pages)

Recueil des plus beaux vers, 1630 (pages)

Œuvres de Mainard, Paris, A. Courbé, 1646 (pages)

i. Attribué à Sigogne.

PRIAPEES

1

Lecteur, dont le grave sourci[1]
Marque une prudence chenue,
Crois-moi, n'approche point d'ici[2] :
Vénus s'y fait voir toute nue.

Ces vers ne partent d'Hélicon[3] [a]
Que pour ceux qui trouvent un con[b]
Si plein d'appas et de merveilles,

Qu'ils n'en sont jamais assouvis
Et qui voudraient avoir deux vits[c],
Comme deux mains et deux oreilles.

1 Ms. 843 : texte précédé d'un « P » majuscule. Il rappelle le poème 49 des *Carmina Priapea* : « Qui que tu sois, toi qui vois les enduits de nos murs couverts de poèmes plein d'un badinage fort peu décent, cesse de t'offusquer de vers obscènes ! Notre pine n'a rien à faire d'un froncement de sourcil ! » (« *Tu, quicumque vides circa tectoria nostra / non nimium casti carmina plena ioci, / versibus obscenis offendi desine : non est / mentula subducti nostra supercilii* », éd. et trad. L. Callebat, Paris, Les Belles Lettres, « Collection des universités de France », 2012, p. 19).

2 La graphie « sourci » (pour « sourcil ») est conservée pour la rime avec « ici ».

3 Mont sur lequel, avec le Parnasse, résident les muses dans la mythologie grecque.

2

Qu'aucune de vous ne me lise[4],
Dames de qui l'esprit bigot
Croit que c'est sentir le fagot
Que de cracher dans une Eglise[d].

C'est au maître des Antéchrists[5] [e]
Que je consacre ces écrits[f]
Si pleins de toute effronterie.

Hors d'ici, ces mangeurs d'autels[6],
Qui n'ont pas mis la fouterie[g]
Hors du rang des péchés mortels !

---

4 Ms. 843 : texte précédé d'un « P » majuscule. Sur ce texte, voir Francesco Paolo Raimondi, « Vanini et Mersenne », *Kairos*, n. 12, 1998, p. 183.

5 Dans la marge de droite, on peut lire le commentaire suivant : « il y là faute » (vers faux) ; et sur le verso précédent : « C'est au maître des antéchrists, c'est-à-dire au diable. » La leçon (« aux mères ») du ms. 843 n'a guère de sens. Il faut sans doute comprendre que Priape est le « maître des Antéchrists ». Cette expression est commentée par Antoine Adam (*Théophile de Viau et la libre pensée française en 1620*, [1935] Genève, Slatkine reprints, 2008, p. 124). Il utilise en effet ce texte pour affirmer l'« impiété positive et militante » du groupe des amis, dont Mainard, de Théophile de Viau. Selon Adam, les poètes se nommeraient eux-mêmes les « Antéchrists », tandis que « les femmes qui s'amusent avec eux [auraient] pris le nom de *mères des Antéchrists* » – ce qui, conclut l'auteur « ouvre de singulières perspectives sur l'impiété du personnage. » De tels vers ne pouvaient faire l'objet d'une publication imprimée. Ils allaient nettement plus loin en termes de provocations que n'était allé Viau.

6 Cette expression renverse la suivante : « mangeur de crucifix », qui désigne traditionnellement les esprits forts et autres faux dévots.

3

Tu dis que je suis effronté[h],
Et que la censure du pape
Doit brider cette liberté
Dont ma plume écrit de Priape.

Sache, Pierre, que mon discours,
Pour peu qu'il cherche de détours[7] [i],
Affaiblit l'âme de la phrase[j].

Ton goût et le mien sont divers.
Mettre Vénus hors de mes vers,
Serait-ce pas hongrer Pégase[8] ?

7 Dès qu'il cherche des détours.

8 Image curieuse : il n'existe aucune tradition concernant la virilité de Pégase. L'explication viendrait de la leçon du f. 56r du ms. 843 (voir les variantes) : l'image semble plus frappante mais perd sa logique initiale. Dans ce contexte, elle semble pouvoir faire écho à la fameuse épigramme 16 de Catulle (éd. bilingue G. Lafaye, revue par S. Viarre et J.-P. Néraudau, Paris, Les Belles Lettres, « Classiques en poche », 1996, p. 25) dans laquelle le poète explique que les petits vers autorisent la licence et que ces vers « n'ont de sel et de grâce qu'à la condition d'être licencieux et dévergondés » ; mais elle reprend aussi peut-être plus précisément l'épigramme 35 du livre I de Martial : le dernier vers serait une réécriture de celui qui clôt cette épigramme : « rien de plus répugnant que Priape devenu galle », trad. H. I. Izaac ([1930], Paris, Belles Lettres, « Collection des universités de France », 1969, t. 1, p. 25) qui glose « galle » avec « prêtre de Cybèle », mais sans rappeler que ces derniers étaient eunuques. Voir l'Introduction, p. 35. Quoi qu'il en soit, la toile de fond d'une telle épigramme est la *lex catulliana*, selon l'expression de Pline. Voir Georges Soubeille, « Un vieil alibi : la *lex catulliana* », *Cahiers Mainard*, 1986, n. 15, p. 46-50.

4

N'ouïs-je pas dire à la censure[9][k]
Des esprits qui font les prudents
Que voici des vers impudents
Au-delà de toute mesure,

Qu'ils mettent l'honneur à l'encan
Et qu'il faut que le Vatican
Contre moi ses foudres allume ?

L'humeur de ces gens me ravit :
Ils veulent défendre à ma plume
Ce qu'ils ont permis à leur vit[l].

9 Ms. 843 : ce texte est barré et surmonté d'un large « P » majuscule.

5

Muses, trêve de modestie[10] :
Vous rougissez toutes les fois
Que je nomme cette partie[m]
Qui fait les Papes et les Rois[n].

Si vous n'êtes un peu lubriques[o],
Votre raison va de travers :
Le foutre, des temps héroïques[11] [p],
Fut le sujet des premiers vers[q].

---

10 Dans le ms. 2943, une note sous le texte précise : « *Aretino della Potta e del Cazzo dice : ... hanno gli imperatori, i Re, i Papi, i Duchi, i Marchesi, i Conti, i Baroni, i Cardinali, i Vescovi, i Predicatori, i Poeti, gli Astrologhi, i Bravi, e han fatto me, et te, che imposta piu.* Mainard s'est fort bien approprié cette idée, car je ne doute point qu'il n'ait eu en vue cet endroit des *Ragionamenti*, journée 3e de la 2e partie, p. 352 de l'éd. avec des postilles. Monsieur de la Monnoye cite un autre passage tiré des lettres de l'Arétin comme la source où Mainard a puisé ces vers pleins de sel mais c'est tout un, puisque c'est toujours l'Arétin. *Menagiana*, t. 2, page 316. » Il s'agit de l'édition suivante de l'Arétin : *Capricciosi e piacevoli ragionamenti di Pietro Aretino. Nova editione, con certe postille, che spianano e dichiarano evidentemente i luoghi e le parole piu oscure. La Puttana errante, overo dialogo du Madalena e Giulia*, stampati in Cosmopoli [Leyde, J. Elzevier], 1660, pagination exacte]. Dans les *Menagiana* (*Menagiana, ou Les bons mots et remarques critiques, historiques, morales et d'érudition de M. Ménage, recueillies par ses amis, 3e édition, plus ample de moitié et plus correcte que les précédentes*, Paris, F. Delaulne, 1715, p. 316), l'on peut en effet lire au sujet du premier quatrain qu'il est « une imitation de cette tirade de l'Arétin dans sa lettre du XI Décembre 1537. à M. Battista Zatti où il dit : *A me parebbe che il cotale datoci da la natura per conservation de si stessa, si dovesse portare al collo, come pendente, e nella beretta per medaglia, per ciò che egliè la vena che scaturisce i fiumi de le genti, e l'ambrosia che beve il mondo ne i di solenni. Egli ha fatto voi che sete de i primi chirgici che vivano* [...] ». Noter que cette édition a été préparée par La Monnoye et qu'il y a ajouté des remarques. Enfin, la lettre dont il est question était une dédicace des *Sonetti lussuriosi* : « il me semble que l'attribut que nous a donné la nature pour sa propagation même devrait se porter au cou en pendentif ou comme médaille sur le béret, car c'est la source d'où naissent des fleuves d'êtres humains et l'ambroisie que boit le monde aux grands jours. C'est lui qui vous a fait, vous, un des plus grands chirurgiens qui soient. » (*Lettres de l'Arétin (1492-1556)*, trad. A. Chastel et N. Blamoutier, Lyon, Scala, 1988, p. 296). On pourrait aussi penser au texte 3 des *Carmina Priapea*, dans lequel le sujet lyrique dit ne pas vouloir recourir à un « langage voilé » (« *Obscure poteram tibi dicere...* »), ou au texte 68, dans lequel un paysan compare l'emploi d'un vocabulaire lettré et le sien pour parler de sujets liés au bas corporel (éd. citée, respectivement p. 3 et 27-30).

11 Dans le ms. 2943, une note dans la marge de droite précise : « siècles classiques ».

Sachez que la terre n'est pleine
Des chansons de vos favoris
Que parce que le con d'Hélène[r]
Hébergea le vit de Pâris[s].

6

Sache, lecteur, que je me pique
D'écrire avecque liberté[12]
Et qu'une épigramme pudique
Est un ouvrage sans beauté.

Je fuis l'abord d'un front sévère :
Il me plaît de montrer à tous[t]
Le dieu que l'Hellespont révère[13][u]
Entre les poireaux et les choux.

C'est lui qui peuple les provinces[v],
Qui met les sujets et les princes
Dans un plaisir qui les ravit,

Et que la sœur du premier homme[14][w]
Sans rougir appelait un vit[15][x]
Avant qu'elle eût mangé la pomme[y].

---

12 Graphie originale maintenue (« avecque ») pour conserver la justesse métrique du vers Il en sera également ainsi dans les textes 12, 17, 31 et 45 ainsi que dans les variantes du texte 3.

13 Priape est traditionnellement nommé « hellespontique » en raison du culte qu'on lui vouait à Lampsaque, dans l'Hellespont.

14 Selon la version de la Genèse utilisée, Ève et Adam apparaissent ensemble ou bien celle-là est tirée d'une côte de celui-ci. Les nommer frère et sœur est une prise de liberté certaine.

15 Ms. 2943 : une note sous le texte précise : « Imité de Martial, épigramme 15, livre XI : "*nec per circuitus loquatur illam. / Ex qua nascimur, omnium parentem, / quam sanctus Numa mentulam vocabat.*" ("qu'il ne prenne pas de détour pour désigner cet organe auquel nous devons tous notre naissance et que le vénérable Numa appelait mentule" », *Épigrammes*, trad. H. I. éd. citée 1972, t. II-1, p. 121). Le blanc laissé dans le ms. 843, ainsi que les suivants signalés dans les prochaines notes, étaient peut-être présents dans le manuscrit qui sert de source au ms. 2943. Outre ces mots non portés sur le papier mais aisés à retrouver, on note dans le ms. 843 un certain nombre de formulations atténuant la portée gauloise ou obscène des textes. Voir l'Introduction, p. 29-30.

7

Sans foutre, la vie est amère[z] ;
Qui bien fout gagne paradis[aa].
Adam ne se plaisait jadis
Qu'à foutre notre antique mère[ab].

Nous, qui sommes venus de lui,
A quoi butons-nous aujourd'hui
Qu'à baiser en toutes postures[16][ac] ?

Et les douces forces d'amour
Porteront les races futures
A faire de même à leur tour.

---

16 Les *Sonetti lussuriosi* de l'Arétin, dont la réputation était sans doute beaucoup plus importante que la véritable connaissance qu'on pouvait en avoir, étaient parfois appelés les « Postures de l'Arétin ». Voir par exemple dans *Le Satyrique français*, s. l., 1623, p. 5. Il est donc assez vraisemblable qu'il faille lire en filigrane une allusion à ces sonnets et aux gravures qu'ils accompagnent.

8

Beauté, qui faites la tempête
Dont Amour afflige mes jours,
Trêve de cet amour honnête
Dont Platon traite en ces discours[17].

Pour moi, de qui le vit lubrique[ad]
Est toujours droit comme un bâton
Et rouge comme une rubrique[ae],
Je fous Socrate et Platon[af].

17 Allusion au *Banquet* et au *Phèdre*.

9

Lise, ton esprit est si rare
Qu'on ne le peut assez priser.
C'est d'où vient que je te déclare
Que je ne veux pas t'épouser.

Tu connais les grâces d'Homère[ag]
Et la bonne latinité[18],
Et sais mieux l'art de la grammaire
Que toute l'université[19 ah].

Je ne crois pas que la science
Qui te décore et nous ravit[ai]
Pût souffrir avec patience[20]
Les solécismes de mon vit[21 aj].

18 « La bonne latinité » désigne l'âge d'or de la langue latine, avant la fin de la République (Ier siècle).

19 Ce portrait de femme lettrée est peut-être un souvenir de Juvénal, dont la Satire VI (v. 451-456) réclame le droit aux solécismes du mari, mais cette fois au sens linguistique du terme : « *Odi / hanc ego quae repetit voluitque Palaemonis artem / servata semper lege e ratione loquendi / ignotosque mihi tenet antiquaria versus / nec curanda viris opicae castigat amicae / verba ; soloecismum liceat fecisse marito.* » (« J'abomine l'obsédée du bien-dire qui rabâche et déroule perpétuellement le traité de Palémon, et l'archaïsante qui sait des vers que j'ignore et reprend une amie analphabète pour des fautes dont les hommes se fichent. Il convient qu'un mari ait droit aux solécismes. » (Juvénal, *Satires*, éd. P. de Labriolle et F. Villeneuve, reprise par O. Sers, Paris, Belles Lettres, « Classiques en poche », 2002, p. 116-117.)

20 La concordance des temps est suspendue : le subjonctif imparfait suit un verbe au présent de l'indicatif, selon un héritage de l'ancien français tout à fait courant au XVIIe siècle. Dans ce type de cas, le subjonctif imparfait, explique Nathalie Fournier, « s'emploie [...] pour sa valeur propre à la fois non assertive et toncale (non actuelle) ; [...] à ce titre il cumule non-assertion et situation du procès soit dans un passé [...] soit dans un futur hypothétique. » (*Grammaire du français classique*, Paris, Belin, « Sup. Lettres », 1998, p. 388.) Il reste qu'au regard du latin classique, évoqué au vers 6, ce type de suspension de concordance temporelle est un solécisme.

21 Ms. 2943 : une note sous le texte précise : « *Saepe soloecismum mentula nostra facit*, dit Martial dans un épigramme que Mr. de La Monnoye a traduit[e] aussi et qui finit : 'C'est une puriste et je fais / Souvent au lit des solécismes.' » [La Monnoye, cité dans les *Menagiana*, éd. citée, t. I, p. 308.] Ou encore : « Ma verge fait de fréquents solécismes » (*Épigrammes*, XI, 19, éd. citée, t. II-1, 1973, p. 124.)

10

Avec vos haillons de satin[22],
Vieux meubles de la friperie[23],
Vous faites de la renchérie[ak] :
Vous gagner n'est pas grand butin[al].

Est-il quelque maison de joie
Qui ne sache qu'à votre soie
Mon valet fripe son bureau,

Et qu'à son zet, qui toujours bande,
Vous êtes ce qu'un chien d'Irlande
Est à l'oreille d'un taureau[24] ?

22 Ms. 843 : texte précédé d'un « P » majuscule.

23 Comprendre : que l'on trouve couramment dans une friperie.

24 Chien de garde des troupeaux, qui saisit les taureaux en les mordant par l'oreille : elle mène donc le valet comme elle le souhaite.

11

Vous me défendez, Madeleine[25],
De retourner jamais chez vous
Si, promptement, je ne vous fous[am]
Deux ou trois fois sans prendre haleine.

En la perte de votre amour,
Qu'en vous chevauchant nuit et jour
J'ai si chèrement conservée,

Je sens des regrets bien cuisants ;
Mais pour une telle corvée
Je n'ai pas mes reins de seize ans.

25 Ms. 843 : texte précédé d'un « P » majuscule.

12

Rides, que vos difformités[26]
Ont des puissances merveilleuses[an]
A châtier les vanités[ao]
Des beautés les plus orgueilleuses !

Catin, que l'on vit autrefois[ap]
Traiter même le cœur des rois[aq]
Avecque de la tyrannie,

Aujourd'hui se vante partout
Que mon palefrenier la fout[ar] :
Et mon palefrenier le nie[27].

26 Ms. 843 : texte précédé d'un « P » majuscule.

27 Ms. 2943 : une note sous le texte précise la source de cette épigramme : « Martial, l. 12, E. 27. *A latrinobus esse te fututam / dicis, Senia, sed negant latrones* » (« Tu as été, dis-tu, besognée par des brigands, Sænia : / mais les brigands assurent que ce n'est pas exact », épigramme 27, livre XII, *Épigrammes*, éd. citée, 1969, t. II-1, p. 164).

13

Reviens, dans la salle du Louvre[28],
Danser encore des ballets,
Mets au feu ces longs chapelets
Et ce grand voile qui te couvre.

N'en déplaise à ton confesseur,
Le cloître n'a pas la douceur
Qu'ont les appas de Cythérée[29][as].

Oh ! qu'un vit, belle Jeanneton[at],
Qui pousse une toison dorée,
Est un plaisant Père Coton[30] !

28 Ms. 843 : texte précédé d'un « P » majuscule.

29 Vénus, déesse de Cythère, l'île sur laquelle elle est arrivée portée par un coquillage.

30 Pierre Coton (1564-1626), jésuite, confesseur des rois Henri IV et Louis XIII.

14

Robin croit que Jeanne mérite
Plus que femme de l'univers.
Cependant il me sollicite
D'en vouloir médire en mes vers[au].
Ha ! le galant, sans nulle doute[av],
Meurt de peur que je ne la foute[31] [aw].

31 Ms. 2943 : une note sous le texte précise : « Cette épigramme est dans les *Poésies* imprimées p. 215. La pointe y est un peu émoussée. Le 5ᵉ vers ici est trop court ou bien Mainard fait *doute* féminin suivant ces puristes dont Ménage parle dans la *Requête des dictionnaires*, qui voulaient qu'on dit *une éventaille, une squelette, la doute, une hymne, une épithète.* » En effet, dans *Le Parnasse alarmé* (autre titre de la *Requête des dictionnaires*), publiée à Paris en 1649 par J. du Grocq, où est mentionné le « vieil Mainard le satyrique » (p. 7), on peut lire au sujet des mots français : « Leurs genres ont été changés / Par une trop lâche mollesse, / Qu'ils appellent délicatesse ; / Cerisay des mots masculins / Ayant fait des mots féminins : / Car ce beau mignon fait la figue / A quiconque dit un intrigue, / Et veut contre toute raison / Que l'on die de *la poison. / Une épitaphe, une épigramme / Une navire, une anagramme, / Une reproche, une duché ; / La doute, une hymne, une épithète / Une éventail, une squelette.* / Bref, ce délicat Cerisay / Eut chaque mot féminisé, / Sans respect ni d'analogie, / Ni d'aucune étymologie… » (p. 7-8) Il semble douteux que Mainard ait écrit en conformité avec les usages défendus par les victimes de Ménage. Pourtant, il aurait dans ce cas laissé un vers faux alors qu'il s'est clairement attardé sur la rime de celui-ci, comme le confirment les variantes. Noter, enfin, que le verso du feuillet interfolié précédent le feuillet 215r contient l'annotation suivante : « voici comme j'ai lu cette épigramme dans un m.s. des *Priapées* de Mainard : *Robin croit etc. / D'en vouloir médire en mes vers / Ha ! le galant sans nul doute / Meurt de peur que je ne la foute.* » Si ce manuscrit est celui qui servit de source à la copie du manuscrit 2943 (ce que suggèrent cette variante et en particulier le vers 5), cela signifie que l'annotation de l'édition de 1646 est sans doute antérieure à cette copie.

15

S'il est vrai, belle Pasithée[32][ax],
Que, faute d'être culetée[ay],
Vos soleils jadis si divins[az]
Courent en poste aux Quinze-Vingts[33],
Que la pudicité remonte[ba]
Quand il lui plaira dans les cieux !
Eh ! qui voudrait en tenir compte,
Puisqu'elle fait perdre les yeux[34] !

---

32 Sur cette épigramme et ses variantes, voir l'Introduction, p. 33.

33 Hôpital parisien dédié aux maladies des yeux. Voir la note ci-dessous.

34 Dans le ms. 2943, une note sous le texte propose un parallèle entre ce texte et le lignes qui suivent : « Lisez dans la 1re lettre du *Voyage autour du monde* de Le Gentil un fait qui peut servir de bon commentaire à cette épigramme. Ce fait est que la veuve du Comte de la Gomère [Saint-Sébastien] était devenue aveugle pour avoir été trop fidèle à un époux qui n'était pas trop bon mari. » En effet, Le Gentil raconte à propos de son séjour à Ténériffe : « Pendant le séjour que je fis dans cette île, j'allai plusieurs fois entendre la musique espagnole dans un couvent de dames, et j'y fus moins attiré par le plaisir de l'harmonie, que par la curiosité de voir une dame que la singularité de son aventure rendait digne d'admiration et de pitié. Elle était nièce du marquis d'Asialcazar [sic] et veuve du comte de la Gomère. Je n'ai jamais vu de beauté plus parfaite, cependant avec les plus beaux yeux du monde, elle était aveugle : cet aveuglement avait été causé par l'impuissance de son mari dont les forces ne répondaient pas aux désirs. Le comte de Gomère avait déjà eu une femme à qui l'on prétend que son impuissance avait causé la mort. Celle-ci craignant le même sort, et ayant déjà perdu la vue, se retira dans ce monastère, et son mari dont elle était aimée avec une tendresse extrême, mais trop stérile, ne pouvant survivre à cette perte, mourut peu de temps après. » (Le Gentil de la Barbinais, *Nouveau Voyage autour du monde [...]. Enrichi de plusieurs plans, vues et perspectives des principales villes et ports du Pérou, Chili, Brésil et la Chine. Avec une description de l'empire de la Chine beaucoup plus ample et plus circonstanciée que celles qui ont paru jusqu'à présent, où il est traité des mœurs, religion, politique, éducation et commerce des peuples de cet empire*, Amsterdam, P. Mortier, 1728, t. 1, p. 6.) Mais il paraît surtout que la vérole avait la réputation de faire perdre la vue à ceux qui la contractaient. Le motif est ici renversé.

16

Cessez, Paulette, de nous dire[35]
Que la cour déplaît à vos yeux,
Et que votre cœur ne soupire
Que pour les merveilles des cieux.

Toutes vos paroles sont feintes ;
Pour croître le nombre des saintes
Vos mouvements sont trop badins.

Votre humeur incague le pape
Et ne cherche, dans ces jardins[bb],
Autre déité que Priape.

35 Ms. 2943 : une note placée au-dessus du texte commente : « Celle-ci peut avoir place parmi les *Poésies diverses.* » Cependant, le sujet de ce texte rappelle notamment le poème 66 des *Priapea Carmina*, dans lequel la destinataire se détourne d'un « attribut viril », non pas par pudeur, mais parce que, lui dit le sujet lyrique : « tu brûles d'avoir dans ton ventre » ("*intra viscera habere concupiscis !*", éd. citée, p. 27) ce que tu feins de ne pas vouloir voir. »

17

Dès qu'un jeune valet de chambre
S'offense du nom de valet
Et met pour cinquante écus d'ambre
A charger la peau d'un collet[36],

Qu'à ses parents il fait la moue,
Qu'il prête, achète, donne et joue
Avecque le quart et le tiers[37] [bc],

Dites que le compagnon sonde
Le trou par où les héritiers[bd]
De son maître viennent au monde[be][38].

---

36 Mettre du parfum sur le col (en cuir) de son vêtement.

37 Oudin : « Le tiers et le quart.i. *un chacun.* » Ms. 2943 : « Le quart et le tiers » souligné ; variante marginale : « prodigalité ».

38 Ms. 2943 : une note signale : « Mainard a eu en vue cet endroit de l'Arétin : '*Certo é che, come un tale, un famiglio, un fattore, e un domestico di casa, passa i termini del vestire, de lo spendere, e del giocare, egli becca de la padrona.' Ragionamenti, giornata 2e, parte 1e. pag. 86. Edit. con postille.* » Il s'agit des *Capricciosi e piacevoli ragionamenti di Pietro Aretino…*, éd. citée.

18

A voir le maintien arrogant
De l'incomparable Uranie,
On dirait qu'elle ne manie
Jamais un vit qu'avec le gant.

Cependant cette belle altière
N'oserait me désavouer
Qu'elle ait tâché de se jouer[39]
Au grand mulet de sa litière[40].

39 Oudin : « elle s'est jouée à son maître. [...] *le maître l'a engrossée.* »

40 Le mulet qui tire la litière. Souvenir de la satire 6 (v. 333-334) de Juvénal dont Mainard ne retient que cet aspect pour sa pointe finale : « *Desunt homines, mora nulla per ipsam, / qui minus imposito clunem summittat asello.* » (« S'il n'y a pas moyen de trouver d'homme, plutôt qu'attendre encore, Madame tendra vaillamment son cul à la saillie d'un âne. »), *Satires*, éd. citée, p. 104-105.

19

Jeanne fait bien de la doucette[41],
Mais avant que j'en fasse cas,
Il faut qu'elle ouvre sa cassette
Et me donne mille ducats.

Ses trésors font que je la prise.
Sans eux, jamais de ma franchise
Ses yeux ne seraient triomphants :

Ses bras sont des bras de cannelle[42],
Et les morpions, auprès d'elle,
Ressemblent à des éléphants.

41 Ms. 2943 : une note dans la marge de droite précise : « On pourrait tirer celle-ci du rang des *Priapées*, et toutes les autres où les termes se trouveront ménagés. » Certes, Mainard ne recourt à aucun des termes grossiers et fréquemment employés dans le recueil. Mais il faut noter que le ms. 843 porte, juste au-dessus du texte : « Priape », signe très vraisemblable que Mainard l'incluait bien dans un recueil de priapées en préparation. Voir l'Introduction, p. 29.

42 Comprendre : ils ont la forme et la grosseur de bâtons de cannelle.

20

Tiendrez-vous jusques à demain[43],
Insatiable créature,
Dans la maigreur de votre main[44],
Mon pauvre engin à la torture ?

Contre vous, il a par dix fois
En une nuit rompu son bois[45] :
Voudriez-vous des preuves plus belles[bf] ?

De grâce, lâchez-le du poing,
Il ne s'en ira guère loing[46] :
Mes couilles ne sont pas des ailes[bg].

---

43 Ms. 843 : texte précédé d'un « P » majuscule.

44 Le motif de la maigreur de la courtisane se rencontre notamment chez Catulle (épigramme 6, *Poésies*, éd. bilingue G. Lafaye, revue par S. Viarre et J.-P. Néraudau, Paris, Les Belles Lettres, « Classiques en poche », 1996, p. 11). Mais ce texte semble proche aussi des premiers vers de l'épigramme 29 du livre XI de Martial (« Quand tu te mets à manier mes organes languissants de ta vieille main... »), éd. citée, 1969, tome II-1, p. 128.

45 « Rompre son bois » signifie normalement briser le bois de sa lance lors d'un combat. Mais cette expression se rencontre chez Ronsard, dans « Contente-toi d'un point » : « Lorsqu'un printemps de sang / M'échauffait tout le flanc / A gagner la victoire, / Bien dispos je rompais / Huit ou neuf fois mon bois... » (*Œuvres complètes*, éd. J. Céard, D. Ménager et M. Simonin, Paris, Gallimard, « Bibliothèque de la Pléiade », 1994, t. 2, p. 1244), avec un sens sexuel que l'on retrouve aussi ici.

46 La graphie originale « loing » (pour « loin ») a été conservée pour la rime avec « poing ».

21

Margot, me voici vit en main[47][bh],
Aimons, le temps nous y convie.
Eh ! que savons-nous si demain
Est un des jours de notre vie ?

La mort nous guette, et quand ses lois
Nous ont enfermés une fois
Au sein d'une fosse profonde,

Adieu les amoureux ébats :
L'Ecriture ne parle pas
Que l'on chevauche en l'autre monde[bi].

47 Ms. 843 : ce texte est précédé d'un « P » majuscule.

22

Quoique tu n'aies cheveu ni dent[48],
Que tu sois vieille et décharnée,
Colin montre qu'il est prudent
De vouloir de ton hyménée.

La fortune de ce garçon
Ne saurait être que fort bonne
Si des cornes de ta façon
Lui peuvent servir de couronne.

Jamais misérable cocu
Ne se vit en semblable fête,
Vieille, si tu branles du cu[49]
Comme tu branles de la tête[bj].

48 Ms. 2943 : un note dans la marge de droite précise : « Diphtongue qui demande après une voyelle. » L'*e* final de ce verbe est numéraire et fait donc le vers faux, ce que ne semble pas avoir considéré Mainard qui aurait donc transcrit « n'aie » (ce que reproduit le copiste du ms. 2943) en le comptant pour monosyllabique. Curieusement, Mainard écrivait « n'es » dans le ms. 843. Par ailleurs, ce même manuscrit porte un « P » majuscule au-dessus du texte et, dans la marge de droite : « Il faut faire imprimer ». Cette mention a de quoi surprendre dans la mesure où l'impression des priapées ne semblait pas un but du poète. Voir l'Introduction, p. 46-48.

49 La graphie originale (« cu ») a été conservée pour préserver la rime. Il en est de même dans les textes 27, 31, 36, 41, 44, 49, 50 et 56.

23

Toutes les femmes s'étonnent[50]
De ton goût dénaturé :
Il est ennemi juré
Du plaisir qu'elles nous donnent.

Bougre sans comparaison,
C'est offenser la raison
Que leur déclarer la guerre.

Sois leur désormais plus doux :
Elles ont mis sur la terre
Les beaux garçons que tu fous[bk].

---

50 Texte composé de vers de sept syllabes (tout comme les textes 36 et 47). Dans le Ms. 843, il est précédé d'un « P » majuscule.

24

Lise, il n'appartient qu'à des fous[51]
De se dire vos tributaires :
Un crible est moins percé que vous,
Votre corps est plein de cautères.

Si le ciel rendait aujourd'hui
Tous vos trous égaux à celui
Qui conduit à votre matrice[bl],

Que vos désirs seraient contents !
Vous pourriez mettre en exercice
Cent Priapes en même temps[bm].

51 Ms. 843 : texte précédé d'un « P » majuscule.

25

Prosopopée de Priape

Nymphes, de grâce, approchez-vous[bn]
D'un vit qui semble une machine[bo].
Je suis perdu si je ne fous,
La paillardise m'assassine.

Vous souvient-il qu'au temps passé
Vous fûtes vertement foutues[bp]
Des Priapes, qui m'ont laissé
La tutelle de ces laitues ?

Je suis invincible comme eux,
Et mon testicule est fameux
Par le nectar dont il abonde.

O l'étrange stérilité !
On ne trouve plus dans le monde
Un cul de bonne volonté[bq].

26

Chaque Priape du vieux temps
Couchait entre deux concubines,
Et ces gaillards vivaient contents[br]
Dans les bras des nymphes voisines.

Toute la nuit et tout le jour,
Leurs fesses étaient occupées[bs]
A guérir doucement l'amour
Des Dryades et des Napées[52].

Mon engin ne trouve aujourd'hui[bt]
Femelle qui veuille de lui :
La plus hideuse le nasarde[bu],

Et le dieu des bons compagnons[bv]
Pour tout emploi n'a que la garde[bw]
Des citrouilles et des oignons[53].

52 Dans la mythologie grecque, les Dryades sont des nymphes attachées au culte des arbres et de la forêt, et les Napées sont des nymphes des vallons boisés et des grottes.

53 Ms. 2943 : une note sous le texte précise : « Cette épigramme est une imitation de la priapée que voici : '*Naiadas antiqui Dryadesque habuere Priapi / et quo tenta dei vena subiret erat. / Nunc adeo nihil est, adeo mea plena libido est / ut Nymphas omnis interiisse putem. / Turpe quidem factu, sed ne tentigine rumpar / falce manu posita, fiet amica manus.*' Cette pièce et la pièce précédente par l'espèce de prosopopée de Priape sont dans le goût des *Lusus in Priapum.* » Il s'agit de la pièce 33 des *Carmina priapea* : « Les Priapes d'autrefois avaient les Naïades et les Dryades et, tendue, la veine du dieu trouvait où pénétrer. Aujourd'hui, on est à ce point sans rien, ma *libido* est à ce point à son comble que j'en viens à croire que toutes les Nymphes ont disparu ! La chose est sans doute vilaine, mais pour ne pas crever de bandaison, je vais libérer ma main de la faux, et ma main me servira d'amie. » (*Priapées*, éd. citée, p. 13-14.)

27

Vieille, jaune comme un écu
Et faite comme une grotesque,
Mon vit à l'entour de ton cu[bx]
Ne dansera plus la mauresque[by].

Tu m'as beau suivre nuit et jour,
Et me dire que ton amour
Est au-delà de toutes bornes,

Je ne veux point d'un con si vieux[bz],
De crainte de planter des cornes
Sur le tombeau de mes aïeux[54].

54 Comprendre : parce qu'elle a couché avec les aïeux du sujet lyrique, ceux-ci seraient donc cocus.

28

Que sert-il d'user de remise ?
Jeanne, voici le mois d'avril[ca].
Ça ! que je trousse ta chemise
Jusqu'au-dessus de ton nombril.

Eh ! que penses-tu que te die[55] [cb]
L'incomparable mélodie
Dont le rossignol nous ravit[cc] ?

Il te dit que tu n'es pas sage[cd]
De refuser ton pucelage
A la fureur d'un jeune vit[ce].

---

55 La forme ancienne du subjonctif « die » (pour « dise ») a été conservée pour la rime avec « mélodie ».

29

Ta froideur, ton petit rabat[56],
Ton silence et tes patenôtres[cf]
Semblent prêcher le célibat
A tous les suivants des apôtres.

Je confesse qu'il est certain
Qu'on ne peut te donner le blâme
D'avoir jamais chez la putain
Risqué le salut de ton âme.

Mais pourtant j'apprends chaque jour
De la rumeur universelle
Que ton cœur brûle d'un amour
Dont l'ardeur n'est pas naturelle.

Mon bonhomme, désires-tu
Que ce bruit s'en aille en fumée,
Et qu'on parfume ta vertu
De l'encens de la renommée ?

Entre au bordel en plein midi,
Meuble-toi d'une concubine,
Et cherche, avec un front hardi,
La vérole et la cristalline.

56 Sorte de cravate portée par les hommes ou pièce du vêtement des hommes d'église. Ms. 2943 : note marginale : « Il y a preuve que cette pièce est de Mainard. » Cette « preuve » n'est pas apportée.

30

Pourquoi donnes-tu dans l'éclat[57] ?
Ton dos est devenu montagne,
Et ta dent creuse et ton nez plat
Enchérissent les gants d'Espagne[58].

Sois plus modeste à l'avenir,
Ton engin te doit retenir,
Il est digne de révérence.

On me le figure si vieux
Que tu peux, avec apparence[59],
Le mettre au rang de tes aïeux.

57 Ce texte est une émanation du texte 51 (« Jeanne, ta mine... »). Voir p. 125. Toutefois, le genre de son ou de sa destinataire n'est pas tout à fait certain. Si le texte 51 est adressé à un personnage féminin, et malgré des éléments propres à la description d'une vieille femme, la mention d'un « engin » au vers 6 pourrait aussi bien suggérer qu'il s'agit d'un destinataire masculin. Sur ce terme, voir l'Introduction, p. 35-36.

58 Les gants d'Espagne, en cuir, étaient réputés sentir mauvais.

59 Légitimement, raisonnablement.

31

Le galant que tu chéris
Et sans qui tu ne peux vivre,
Pauvre sot, est le Pâris[60],
Que ton Hélène veut suivre.

Crois-moi, romps avecque lui,
Chasse-le dès aujourd'hui
Du quartier où tu demeures.

Les beaux exploits de son cu[61],
Dans une nuit de six heures,
T'ont fait quinze fois cocu.

---

60 Prince de Troie qui enleva Hélène et qui est représenté comme un séducteur volage.

61 L'emploi du mot « cul » ici est vraisemblablement un archaïsme pour désigner le sexe de l'homme. Sur ce point, voir Jean-Claude Dinguirard, « *Erotica verba* chez Mainard », *Cahiers Mainard*, n. 9, 1979, p. 33.

32

Voici Jeanne la mal peignée[62],
Qui n'est jamais sans corselet,
Et qui, moins femme qu'araignée[cg],
Fait d'une bague un bracelet[63].

Elle est sèche comme une cruche[ch],
Camuse comme une guenuche[ci],
Eloquente comme un Gascon[64][cj].

Ajoutez à tant de merveilles
Que la belle est pauvre de con[ck],
Comme un âne est pauvre d'oreilles.

62 Ms. 843 : texte précédé d'un « P ».

63 Souvenir des premiers vers de l'épigramme 100 du livre XI de Martial : « Je ne veux pas, Flaccus, d'une maîtresse étriquée qui fasse de mes blagues des bracelets, qui me racle de son derrière nu et me pique de son genou, dont l'échine fasse surgir une scie et le cul un épieu. » (éd. citée, 1972, t. II-2, p. 152).

64 Sur les stéréotypes concernant les Gascons, voir les *Lectures croisées du* Gascon extravagant, dir. J.-P. Cavaillé, L. Giavarini et C. Soudan, *Les Dossiers du GRIHL*, 2007 sur le site Revue.org : https://dossiersgrihl.revues.org/325 ; et Coralie Briard, *Le Personnage du Gascon dans* Le Gascon extravagant *(1637) et dans* Le Dom Quixote gascon *(1630) : extravagance, ambivalence, et « miracle de l'impertinence »*, mémoire de master, E.N.S. de Lyon et Université de Lyon III, 2013, p. 6-36 en particulier.

33

Pierre fout Lise l'édentée[cl],
Non pas qu'il lui veuille du bien,
Mais parce que la foutée[cm]
A sa bourse ne coûte rien.

Le galant l'embrasse et l'accole
Sans nul danger de la vérole,
Car, afin de dire tout,

Sa mine de mâtin qui gronde
Etonne si fort tout le monde[cn]
Qu'autre homme que lui ne la fout[co].

34

Iris dans les eaux de ses yeux[65] [cp]
Submerge ses lys et ses roses
Et dit beaucoup d'étranges choses[cq]
Contre l'injustice des cieux.

Ne pensez pas qu'elle se plaigne
Pour avoir perdu son enseigne[cr],
Son carcan ou ses bracelets[cs].

Non, non, la cause de sa peine
Est la mort d'un de ses valets[ct]
Qui foutait trois fois d'une haleine[66] [cu].

---

65 Ms. 2943 : une note sous le texte précise : « Cette épigramme est imprimée dans le *Cabinet satyrique* p. 190 du 1er vol. de la dernière édition. C'est une imitation fine et détournée de l'épigramme 14 de Martial l. 7. : '*Accidit infandum nostrae scelus, Aule, puellae, / amisit lusus deliciasque suas : / Non quales teneri plotavit amica Catulli / Lesbia, nequitiis passeris orba sui, / vel Stellae cantata meo quas flevit Ianthis, / cuius in Elysio nigra columba volat, / lux mea non capitur nugis neque moribus istis / nec dominae pectus talia damna movent. / bis denos puerum numerantem perdidit annos, / mentula cui nondum sesquipedalis erat.* » (« Un horrible malheur, Aulus, vient d'arriver à ma maîtresse : elle a perdu sa joie et ses délices ; non point comme Lesbie, l'amie du voluptueux Catulle, privée des gentillesses de son moineau ; non point comme Ianthis, chantée par mon ami Stella, dont la colombe tant pleurée vole toute noire dans l'Elysée : non, ma bien aimée n'est pas sensible à des bagatelles ni à de telles passions, et de semblables pertes n'émeuvent pas le cœur de ma maîtresse : elle a perdu un jeune esclave qui comptait vingt années et dont le membre n'atteignait pas encore un pied et demi de longueur », *Épigrammes*, VII, 14 [le manuscrit porte une référence inversée], éd. citée, 1969, t. I, p. 212.) Le copiste semble faire référence à l'édition suivante : *Le Cabinet satyrique ou recueil de vers piquants et gaillards tirés des cabinets des Sieurs de Sigogne, Régnier, Motin, Berthelot, Mainard, et autres des plus signalés poètes*, Au Mont Parnasse, de l'imprimerie de messer Apollon, l'année satyrique, t. 1. Dans le ms. 843, le texte est précédé d'un « P » majuscule.

66 Comparer cette conclusion avec les deux textes composés pour une circonstance comparable (l'assassinat de l'écuyer Dat de Saint-Julien en 1606 – voir Drouet, *Le Poète…*, *op. cit.*, p. 54-56) par Mainard pour Marguerite de Valois : d'une part, les « Regrets d'une grande dame sur la mort de son serviteur » et d'autre part, les stances commençant par : « L'on ne s'attende point de voir jamais finir » (éd. Gohin, p. 210 et 213).

35

La plus verte de nos saisons[67]
Est déjà bien près de ses bornes.
Hâtons-nous de planter des cornes
Sur le front des bonnes maisons.

Si la colique ou le cautère
Dans le ventre obscur de la terre
Une fois nous ensevelit,

Nos jeux ne passeront pas outre,
Comte : le sépulcre est un lit
A dormir et non pas à foutre[cv].

67 Le premier quatrain est reproduit à l'identique dans la lettre 180 de Mainard (*Les Lettres…*, *op. cit.*, p. 537 ; lettre écrite depuis Toulouse, février-mars 1638 d'après C. Drouhet, *Tableau chronologique des lettres…*, *op. cit.*, p. 49) avec l'introduction suivante : « On m'attend à dîner chez monsieur le premier Président, où je vais avec dessein d'y boire largement à votre santé. Messieurs de Caminade, de [Castel de] Frésals, de Pressac et de Marmiesse seront de la partie. Pour cela j'ai fait un grand fonds de soif et d'appétit. Il y a vingt-quatre heures que je me tiens au filet sans avoir avalé de pain, vin, ni aucun autre aliment. Cette longue abstinence m'a fait produire ces autres vers… » Noter, par ailleurs, que dans le ms. 843, ce texte est barré et précédé d'un grand « P » majuscule.

36

C'est contre toute raison
Que Nicole est ennemie
Des vits dont la trahison
Exerce la sodomie.

Quelqu'un peut-il chevaucher
Cette vieille, sans pécher
Contre l'ordre de nature,

Puisqu'un ulcère invaincu
N'a rien fait qu'une ouverture
De son con et de son cu ?

37

Ci-gît le phénix de son âge,
Dont les reins n'ont jamais tari[68][cw]
Qui dans le sang ont mis à nage[69][cx]
Mainte coquette de Paris[cy].

Que si, tant qu'il en a foutues[cz],
En long deuil se fussent vêtues[da],
Quand ce tombeau lui fut ouvert,

Je veux croire avec assurance
Qu'aucune drôlesse de France
N'eût porté ni rouge ni vert[70].

68 Noter la rime inexacte « tari »/« Paris ». Voir la variante, qui permettait d'assurer une rime correcte, mais n'était pas syntaxiquement justifiée.

69 Di Stefano : « Mettre à nage : inonder. »

70 Couleurs vives, à l'opposé des tenues de deuil.

38

N'espère pas, Alix, que je te baise[71] [db] :
Ton vilain con n'est que pour des valets[72] [dc].
Il est si grand qu'on y pourrait à l'aise
Rompre au faquin et danser des ballets[73].

Mon vit, Alix, n'est jamais en cervelle[dd]
Qu'alors qu'il trouve un conin de pucelle[74]
Où le duvet est à peine apparent[de].

J'aime l'enfance et voudrais toujours être[df],
Comme jadis notre premier parent[dg],
Fouteur d'un con qui ne fit que de naître[dh].

---

71 Dans la lettre 176 (*Lettres…*, *op. cit.*, p. 524 ; composée entre novembre 1642 et 1644 d'après C. Drouhet, *Tableau chronologique des lettres…*, éd. citée, p. 122), à monsieur De Flotte, Mainard écrivait : « Pour ce que vous m'écrivez du détachement de mes vers, vous avez le nez trop bon pour ne connaître pas que c'est une façon que j'affecte et contre laquelle il y aurait bien de la peine à me faire révolter : devant toute la terre je soutiendrais que c'est la bonne façon décrire, jusque-là que je ne saurais goûter une correction que vous avez faite qui est dans un de mes derniers épigrammes qui dit ainsi, *N'espère plus que je te baise, comme je fis au temps passé, etc.* » S'agirait-il d'une leçon non retenue ?

72 Sur ce vers et l'emploi de « engin », voir l'Introduction, p. 35-36.

73 « Rompre au faquin » ou « rompre contre le faquin » : jeu qui consistait à faire chuter un mannequin de bois (le faquin) à l'aide de son corps ou d'une lance.

74 Le « conin » semble être considéré comme un diminutif de « con ».

39

Que je serais mal à mon aise
Si vous me teniez embrassé.
N'espérez plus que je vous baise
Et vous contentez du passé.

Lise, mon Priape est trop sage
Pour prendre un si mauvais emploi.
Vous n'avez plus le beau visage
Dont vous charmâtes le feu roi[di].

40

Lise, qui veux soir et matin
Etre vertement culetée,
Débite contre le destin[dj] :
Tu le dois : il t'a maltraitée.

Jean, sous qui ta fesse a branlé,
Mieux que sous galant qui te foute[dk],
Depuis trois jours s'en est allé[dl]
Au pays où l'on ne voit goutte.

Jamais femme n'a tant perdu[dm] !
Ce drôle entra le nerf tendu[75]
Dans le creux de la sépulture,

Et m'a-t-on dit qu'un esprit fort,
Qui le vit en cette posture,
Crut qu'il voulait foutre la mort[dn].

---

75 Cette expression est peut-être un souvenir de Mellin de Saint Gelais : « Un jeune amant près sa dame soupait, / Le nerf tendu trop mieux que l'appétit... » (« D'un amoureux et de sa dame », *Œuvres poétiques françaises*, éd. D. Stone, Paris, STFM, t. I, 1993, p. 128). Voir aussi p. 120. Mais elle apparaît également dans les *Carmina Priapea* (« Nemo meo melius nervum tendebat Ulixe » / « Personne ne tendait mieux le nerf que mon Ulysse », Priapée 68, éd. citée p. 28-29).

41

Ne parlons point de mariage,
Margot, je suis déjà chenu[do]
Et prêt à faire le voyage[dp]
Dont personne n'est revenu[76][dq].

Tu dis que l'argent de tes coffres
Vaut une souveraineté,
Et que les grands biens que tu m'offres
Devraient tenter ma pauvreté.

Ta bourse ni ta rhétorique[77]
Ne me feront point ton cocu.
Mon Priape climatérique
A peur des fougues de ton cu[dr].

---

76 Quatrain en partie repris pour le texte 56, p. 130, et repris à l'identique dans la lettre 86 (non datée), adressée à monsieur De Flotte (*Les Lettres…*, *op. cit.*, p. 231), où Mainard appelait son correspondant à le modifier : « voici un quatrain qui cherche votre rime ».

77 Comprendre : tes arguments.

42

Tes lèvres ont perdu leurs roses[78]
Et ton corps est déjà cassé.
Il te faut mettre au rang des choses
Qui furent au siècle passé.

Jeanne, ton éloquence est forte[ds],
Mais n'attends plus qu'elle me porte[dt]
A plaire à ta lubricité[79].

Mon engin, que ta main caresse,
N'a pas assez de charité
Pour être un bâton de vieillesse[du].

78 Ce texte reprend l'argument (mais non le point sur la vénalité) de l'épigramme 29 du livre XI de Martial : « *Languida cum vetula tractare virilia dextra / coepisti, iugulor pollice, Phylli, tuo. / Iam cum me murem, cum me tua lumina dicis, / horis me refici vix puto posse decem. / blanditias nescis : 'dabo' dic 'tibi milia centum / et dabo Setini iugera certa soli ; / accipe vina, domum, pueros, chrysendeta, mensas.' / nil opus est digitis : sic mihi, Phylli, frica.* » (« Quand tu te mets à manier mes organes languissants de ta vieille main, ton pouce, Phyllis, m'assassine : car lorsque tu m'appelles 'ton rat', quand tu me dis 'la lumière de tes yeux', il me faut, je crois, dix bonnes heures pour me remettre. Tu ignores l'art des caresses : dis-moi : 'Je te donnerai cent milles sesterces, je te donnerai nombre d'arpents cultivés du sol de Setia ; voici des vins fins, une maison de ville, de jeunes esclaves, des plats ciselés, des tables.' Tes doigts n'ont rien à faire ici : c'est de la sorte qu'il faut me caresser. », éd. citée, t. II-2, 1972, p. 128-129).

79 Comprendre : à me plaire à, à apprécier ta lubricité.

43

Tu ne parles que d'œuvres pies[dv]
Dans nos familiers entretiens,
Et tes discours sont des copies
Des sermons des premiers chrétiens.

Paul, sème ailleurs tes artifices[dw] :
Je sais que ton cœur n'est pas net[dx]
Et que le plus sale des vices[dy]
Se cache dans ton cabinet[80 dz].

Pour croire qu'on te canonise[ea],
Quelque plâtre qui te déguise,
Je ne suis pas assez cheval.

Tu n'eus jamais de concubines,
Mais tes nièces et tes cousines
T'accusent d'être leur rival.

80 Voir les variantes. La version retenue permet de focaliser l'attention sur la sodomie, ce que ne faisait pas la version initiale de ce sonnet.

44

Jeanne, dont les yeux m'ont vaincu,
Cesse de rougir et de craindre :
Le feu d'amour brûle ton cu
Et mon vit a de quoi l'éteindre[eb].

Il faut donner dans le plaisir.
Tu n'auras que trop de loisir
De faire la prude et la chaste,

Les ans raviront tes appas
Et ton con deviendra si vaste[ec]
Que les mulets n'en voudront pas[81].

---

81 Ms. 2943 : une note, dans la marge de droite, commente : « exhortation bien galante. »

45

Filles, vous choquez le bon sens[ed]
Si vous ne quittez vos quenouilles
Pour venir donner de l'encens[ee]
Au dieu qui garde les citrouilles.

Ces dévots à petit collet[ef],
De qui l'apparence vous dupe,
Quand ils disent leur chapelet[eg],
Ont leur esprit sous votre jupe.

Venez goûter avecque nous[eh]
Ce que la vie a de plus doux,
Et débrider vos pucelages.

Vous avez tort de reculer[ei] :
Vos mères, qui font tant les sages,
Aiment mieux foutre que filer[ej].

46

Calliste fait la réservée,
Jusqu'à refuser mes poulets,
Cependant, à jupe levée[ek],
Elle court après les valets[el].

N'est-ce pas une extravagance
Bien avenante à l'arrogance[82]
De son goût et de son maintien ?

Je pense que cette vilaine
Croit que jamais homme de bien
N'a foutu deux fois d'une haleine[em].

82 Comprendre : qui va de pair avec l'arrogance.

47

Pendant que les beaux esprits
T'ont fidèlement servie,
Pasquin n'a rien entrepris[83]
Sur la gloire de ta vie.

Aujourd'hui qu'un animal
Qui ne connaît bien ni mal,
Lise, est ton petit cœur gauche[84],

Ta vertu perd son crédit,
Et toute la France dit
Que ce cheval te chevauche.

83 Référence au personnage de Pasquin, railleur et satirique, dont la statue mutilée se trouve à Rome.

84 Furetière : « les amants s'appellent mon cœur, mon amour, mon petit cœur gauche. »

48

Frère Jean n'est point de la bande
De ces moines dévotieux
Qui toujours regardent les cieux
Avec un guignoir de Hollande.

Il estime moins qu'un téton[85] en
Le saint qu'il a pour son patron :
Vénus seule a de ses chandelles[86].

Et son instrument de mulet
Fond sur la motte des pucelles
Comme un milan sur un poulet[87].

---

85 Le téton est une monnaie de peu de valeur.

86 Il consacre ses nuits à la seule Vénus, à l'amour. Il pourrait s'agir d'un détournement de l'expression suivante, donnée par Furetière : « On donne une chandelle à Dieu et une autre au Diable quand on est d'intelligence avec les deux partis pour subsister. » Ce texte fait écho au texte 17.

87 Expression idiomatique.

49

Stances[88]

Mes ans vont achever leur cours[eo],
Je ne saurais vivre deux jours.
Jeanne, avec un *De profundis*[89],
Souhaite moi le paradis.

Ma vie est pleine de langueur,
Vénus a fondu ma vigueur,
Et mon engin, ton cher mignon,
Est plus sec qu'un vieux champignon.

Je bats du flanc comme un bidet[90]
Qui galope sous un cadet.
Un tremblement prend mes genoux
Toutes les fois que je te fous[ep].

---

88 Ms. 2943 : une note, dans la marge de droite, précise : « La continuité de rimes masculines ne doit pas faire douter que ces vers ne soient de Mainard. Il y a preuve particulière qu'il en est l'auteur. » On ne sait de quelle « preuve » il peut s'agir. Mainard a manifesté ses préventions à l'égard des rimes et des contraintes qu'elles faisaient peser sur les poètes. Ainsi, par exemple, cet extrait d'une lettre adressé à De Flotte : « Examinez, s'il vous plaît, toutes les plus raisonnables poésies qui ont été imprimées depuis cinquante ans, et vous trouverez que la servitude de la rime a fait des chevilles par tout. Je n'en exempte pas même le bon Malherbe, il est si rempli de bourre, qu'en certains endroits il en est insupportable ». (*Les Lettres…*, *op. cit.*, lettre 213, p. 634.) S'il s'agit d'une plainte commune parmi les poètes qui déplorent l'artificialité de la rime et l'arbitraire auquel celle-ci mènerait, elle semble avoir pris forme chez Mainard : ses sonnets libertins en témoignent. Voir l'Introduction, p. 52 ; Georges Lote, *Histoire du vers français*, t. VI. *Deuxième partie : le XVIe et le XVIIe siècle. Les genres poétiques, les vers et la langue, la réforme de la déclamation dans la seconde moitié du XVIIe siècle*, Aix-en-Provence, Presses Universitaires de Provence, 1991, p. 79-80 et 93-94 ; et René Fromilhague, qui souligne à la suite de Racan que, de tous les disciples de Malherbe, Mainard fut le seul à composer de tels sonnets tout au long de son existence (*Malherbe. Technique et création poétique*, Colin, 1954, p. 179), au point que cela pût devenir une marque personnelle.

89 Ce sont les premiers mots du psaume 130 (129 dans la *Vulgate*), qui est une prière pour les morts, dans sa version en latin.

90 Comprendre : je fais des efforts, je me donne du mal.

Toute cette incommodité
Me vient de ta lubricité[eq].
Vénus m'a donné, dans ton lit,
La fièvre qui m'ensevelit.

Lorsque je devins ton amant,
J'étais un homme si charmant,
Que pour un fil de mes cheveux
Les abbesses rompaient leurs vœux[er].

Je bondissais comme un ballon,
J'étais un fameux étalon,
Et quand je mettais l'escarpin[91],
J'allais plus vite qu'un lapin[es].

Les femmes de bon jugement
Me faisaient toutes compliment
Et, devant moi, la chasteté
Tremblait au milieu de l'été[92] [et].

Le bonheur suivait mes amours,
Je faisais les plus beaux atours
Que les coquettes de Paris
Mettent au front de leurs maris[eu].

Sans le feu de ton cul paillard[ev]
Je serais encore gaillard,
Et mon Priape aurait de quoi
Arroser les femmes et toi[ew].

---

91 Les escarpins sont des chaussures à semelle plate et fine et sont en général utilisées pour danser. Il semble que dans le contexte (la rapidité du « lapin » au vers suivant) ce vers ait cependant un sens équivoque.

92 Ms. 2943 : note marginale : « voyez sur cette expression hyperbolique la note de la page 187 ci-dessus. » Au sujet des vers suivants, p. 187 : « Tes raisons, et tes pensées, / Robin, sont assez glacées / Pour faire trembler juillet », on lit au verso du feuillet précédent interfolié : « expression qui revient à celle-ci de l'Arétin : '… *soldato, che con la barba e con la spada haveria fatto fremar la state e venir caldo al verno.' Giornata 3e della 2e parte pag. 342. Edit. con postille.* », éd. citée.

Travaille et te pourvois ailleurs[ex],
Cherche des reins qui soient meilleurs,
Et sache si ton muletier
Voudrait être mon héritier.

Je connais le fond de ton cœur :
Tu demandes un bon piqueur[93]
Qui pratique soir et matin
Les préceptes de l'Arétin[94].

Tu veux qu'on aille chaque nuit
Au-delà du nombre de huit.
Pour sept coups tu ne penses pas
Faire qu'un fort maigre repas[95].

Tu ne m'as que trop fait savoir,
Jeanne, qu'il n'est pas au pouvoir
De deux amants frais et nerveux[ey]
De te baiser comme tu veux[96].

Ma mort ne se peut différer,
Et je ne dois pas espérer,
Tant je suis las et morfondu[ez],
De trépasser le nerf tendu[97 fa].

Le parlement aura grand tort
S'il ne te condamne à la mort :
Ton amour est mon assassin,
A ce que dit le médecin.

---

93 Ms. 2943 : « piqueur » est souligné. Une note dans la marge de droite précise : « pourquoi pas *fouteur*. Les termes ne sont pas ici trop ménagés et la métaphore du piqueur ne vient pas avec les *préceptes de l'Arétin.* » Noter, en outre, qu'avec « piqueur », la rime n'est pas réduite à une assonance.

94 Allusion aux *Sonetti lussuriosi* ou aux *Ragionamenti*.

95 Cette négation est encore courante. Selon N. Fournier, « *que* se greffe sur le mouvement négatif construit par *ne... pas* et en excepte le terme qu'il introduit (il peut être glosé par *sinon*) » (*op. cit.*, p. 366).

96 Ms. 2943 : « baiser » est souligné. Note marginale : « *baiser*, expression faible ».

97 Voir p. 111.

Mais j'agis trop cruellement :
Pleure mon destin seulement,
Et ce sera sur mon tombeau
Payer du sang avec de l'eau.

Sur la fosse où je serai mis,
Dis : « Ci gît un de mes amis
Qui, sans les fougues de mon cu,
Aurait plus longuement vécu. »

50

Puisque jamais femme qui n'en soit morte
Sous toi, Colin, n'a trémoussé du cu,
Que t'ai-je fait que ton zet ne se porte
Sans différer à me faire cocu ?

51

Jeanne, ta mine et tes discours
Ne sont que des afféteries
Et ta carcasse est tous les jours
Ou du cours ou des Tuileries[98 fb].

Le bordel même vous méprise[99],
Votre con a la barbe grise[100]
Et sent le *vous m'entendez bien*[101].

Cessez de le parfumer d'ambre :
Désormais il ne vaut plus rien
Qu'à remplir votre pot de chambre.

---

98 Lieux parisiens de sociabilité mondaine et galante.

99 Le passage au vouvoiement surprend. Il semble que ce texte circula sans que Mainard ait eu l'occasion d'y mettre le dernier mot mais également sans que le copiste du manuscrit servant de source à la copie du ms. 2943 n'ait pu avoir accès aux différents essais effectués (voir les variantes) par le poète ni la capacité ou l'audace d'ajuster le discours.

100 Voir le texte 39, p. 110, dont les variantes ont finalement composé le sizain.

101 Forme de prétérition euphémistique.

52

Pauvre sot, puisque tu prétends
De subsister par ta débauche,
Cherche une dame du vieux temps
Qui thésaurise et qui chevauche.

Tu ne soumets tes volontés
Qu'aux lois de ces jeunes beautés[fc]
De qui tout l'or est sur la jupe[102].

Il faut qu'un Priape indigent
Vive d'esprit, et que la dupe
Soit un con à barbe d'argent.

102 Lire « sous la jupe » ? Il est difficile de trancher en l'absence de versions alternatives du texte.

53

Voyez, Charlot, comme après vous[fd]
Je galope à cotte levée[fe].
Vous avez le foutre si doux
Que mon âme en est captivée.

Votre jeunesse me ravit,
Vous me semblez plus beau qu'un ange.
Lorsque je songe à votre vit[103 ff],
Voilà mon con qui me démange.

Ça, donc, que ce vit d'empereur
Se mette en sa bonne posture
Et que sa paillarde fureur
Vienne écumer dans ma nature[104].

J'éloigne mes yeux et mes pas
De ceux qui m'imputent à crime[105]
De quoi mon lit ne se plaît pas
A bercer un vit légitime[fg].

Je ne prise pas un fétu[106]
Ce que l'honneur a de merveilles :
Pour les sermons de la vertu
Un cul chaud n'eut jamais d'oreilles[107].

Je veux aimer jusqu'au tombeau[108 fh]
Sans m'affliger que l'on en gronde.
Aussi mon corps, quoi qu'il soit beau[fi],
N'est pas outil pour l'autre monde[fj].

---

103 Sur ces vers, voir également l'Introduction, p. 36.
104 Voir J.-C. Dinguirard, art. cité, p. 37.
105 « Imputer à » est une tournure vieillie.
106 Le fétu est synonyme de chose sans valeur. Comprendre : je n'accorde aucune valeur.
107 « Cul » a ici un sens équivoque et semble designer le sexe de la femme.
108 Note en marge à droite : « aimer *id est* foutre »

54

Ton front se ride et ta couleur se plombe.
Mets bas la honte et la timidité.
As-tu dessein de porter sous la tombe
La triste fleur de ta virginité[fk] ?

Ne me dis plus que ta mère est chagrine
Et que ses mœurs prêchent une doctrine
Qui te défend de me vouloir du bien.

Je sais, Philis, qu'elle serait ravie
De faire choir un zet comme le mien[fl]
Dans le vieux trou qui t'a donné la vie.

55

Où sont tes lits de broderie[fm],
Tes placards de vermeil doré
Et la riche tapisserie
Dont ton logis se vit paré[fn] ?

Si tes beaux yeux versent des larmes,
Margot, ce n'est pas sans raison :
Les salles où l'on fait des armes
Sont l'image de ta maison.

Ta misère est si manifeste
Que tu n'as pièce qui te reste
De ton pompeux ameublement.

Et quand ton ami te chevauche[fo]
Ton pot de chambre seulement[fp]
Est le témoin de sa débauche[fq].

56

Adieu, Lise, je vais descendre
Où Malherbe fait des chansons
Pour divertir l'horrible gendre
De la déesse des moissons[109].

On a beau dire que le sage
Suit le destin sans murmurer,
J'appréhende ce long voyage
Et voudrais bien le différer.

Quand j'aurai passé le Cocyte[110],
Il est juste que je visite
Les mannes de votre cocu,

Pour lui dire en quelle posture
Vous m'avez, à grands coups de cu
Fait tomber dans la sépulture.

109 Pluton, dieu des Enfers, enleva Proserpine, déesse des saisons et fille de Jupiter. Frère de Jupiter, Pluton est donc son oncle.
110 Fleuve des Enfers dans la mythologie grecque.

VARIANTES

Priapée 1

a Ms. Conrart 18 : « Ces vers ne sortent d'Hélicon ».

b Ms. 2943 : « un C. » ; ms. 843 : « un <blanc> ».

c Ms. 2943 : « deux v. » ; ms. 843 : « deux <blanc> ».

Priapée 2

d Ms. 843 : « Que d'oser cracher dans l'église ».

e Ms. 2943 : « mesrte » (pour « mestre » ?). Ms. 843 : « aux mères ».

f Ms. 843 : « des ». La leçon retenue est plus pertinente en ce début de recueil, dans une série de textes à vocation introductive. Voir l'Introduction, p. 48.

g Ms. 843 : « drôlerie ». Euphémisation qui ne rend pas compte du projet des *Priapées.*

Priapée 3

h Le ms. 843 contient quatre versions de ce texte, deux au feuillet 33v, une au feuillet 56r (texte précédé d'un « P » majuscule) et une dernière au f. 79r. Voici la première : « Tu dis que je suis effronté, / Et que ma verve qui s'échappe / Nomme avec trop de liberté / Le fameux outil de Priape. [En marge : "honteux membre".] // Ton goût, Pierre, est le goût d'un sot / Le bordeau n'a termes ni mot / Qui ne soit tant rempli d'emphase. // Refuser de mettre en ses vers / Vénus du long et du travers / C'est hongrer le cheval Pégase. » La deuxième version contient deux variantes indiquées dans les notes ci-après. Voici ensuite la version du f. 56r : « Jean, tu m'appelles effronté / Et dis que ma plume s'échappe // Avecque trop de liberté. / Mais qu'elle écrit de Priape. // La netteté de mon discours / Jamais ne cherche les détours. / Ils sont nuisibles à sa grâce. // Cesse de t'opiniâtrer : / Pégase que tu veux châtrer / N'est pas un cheval pour la chasse. » Cette leçon est reprise à l'identique dans les *Œuvres…*, 1646. La leçon du *Rec. des plus beaux vers* de 1627 suit cette dernière leçon, sauf au v. 1 : « Jean tu m'appelas effronté ». La leçon du f. 79r propose de très nombreuses variantes, le second tercet étant conforme à la leçon du ms. 2943 : « Tu m'accuses d'être effronté [leçon suscrite tandis que : "dis que je suis" est biffé] / Et dis que ma plume s'échappe / Avecque trop de liberté / Lors qu'elle écrit de Priape, / Sache, Pierre, que les détours / Désavantagent mon discours, / Ils ôtent la force à ma phrase […] ». Ce motif rappelle les *Carmina Priapea* 3 et 29 (éd. citée, p. 3 et 12) dans lesquelles le sujet lyrique se dit contraint de parler comme il le fait, d'une part, parce qu'il n'a pas les moyens de faire autrement et, d'autre part, en raison du spectacle offert par Priape lui-même.

i Ms. 843, f. 33v : « les ».

j Ms. 843, f. 33v : « sa phrase ». La leçon finalement retenue donne au texte une portée générale plus nette.

Priapée 4

k Ms. 843 : en marge, Mainard a ajouté un long essai de réécriture qu'il n'a pas achevé : « Cet ouvrage est si mal traité / Du bigot, et de l'hypocrite / Qu'ils accusent d'impiété, / Le libraire qui le débite, / Et prêchent [?] que Lise des ["ciel" caviardé] cieux / Est prête à crever tous les yeux / Qui lisent ce petit volume » (f. 54r). La mention du « libraire » ne prouve pas que le recueil a fait l'objet d'un projet d'impression – cette leçon non retenue met surtout en scène la dimension libertine des *Priapées* en faisant notamment écho au procès de Viau.

l Ms. 2943 : « leur v. » ; ms. 843 : « à leur $ ».

Priapée 5

m Ms. Conrart 18 : « Que l'on nomme cette partie ».

n Ms. 843 : « papes » est biffé et « reines » suscrit. Ms. 844 : « Qui fait les reines et les rois. » L'équilibre perdu (« reines »/« rois ») bénéficie à la charge provocatrice.

o Ms. 843 : variante suscrite « [vous] vous piquez de pudiques » [?] (« n'êtes un peu lubriques » biffé). Ms. 844 : « Si vous vous piquez de pratiques ».

p Ms. 843 et ms. 844 : « Les amours des temps héroïques ».

q Ms. 843 : « Firent naître » suscrit, et retenu dans le ms. 844 ; « sur le sujet des » biffé.

r Ms. 2943 : « le c. » ; ms. 843 : « le nom d'Hélène » ; « belle » (pour : « la belle ») suscrit, et retenu dans le ms. 844.

s Ms. 2943 : « le v. » et le ms. 843 « Hébergea le Z.[et] de Pâris. » ; ms. 844 : « Quitta Ménélas pour Pâris. » À moins de viser un effet burlesque, cette dernière leçon ne pouvait être conservée dans la mesure où « le con d'Hélène » avait été substitué à « la belle Hélène ».

Priapée 6

t Ms. Conrart 21 : « Et me plais à montrer à tous ».

u Ms. 843 : « L'engin de ce dieu qu'on vénère » ; ms. Conrart 21 : « L'outil de ce dieu qu'on révère ».

v Ms. 843 et ms. Conrart 21 : « Qui sue à peupler les provinces ».

w Ms. 843 : « Et que la femme du premier homme » (vers qui évite « sœur », mais qui est faux).

x Ms. 843 : « Sans rougir appelait un <blanc> »' ms. 2943 : « un v. »

y Ms. 843 : « devant qu'elle eût mangé la pomme. » La locution conjonctive « devant que » semble plus archaïque que celle de la leçon finalement retenue.

Priapée 7

z Ms. 2943 : « Sans f.tre » ; ms. 843 : « Sans rire la vie est amère ».

aa Ms. 843 : « Qui bien rit gagne $ ».

ab Ms. 843 : « Qu'à saillir notre antique mère ».

ac Ms. 843 : « Qu'à saillir en toutes postures ? »

Priapée 8

ad Ms. 2943 : « le v. ».

ae Ms. 843 : « le goût lubrique », ce qui est moins pertinent.

af Ms. 843 : « J'aimerais Socrate et Platon. » Cette leçon est également moins pertinente que celle retenue : il s'agit d'exprimer le mépris des Lettres.

Priapée 9

ag Ms. Conrart 21 : « Tu connais ce que dans Homère ».

ah Ms. 843 : la strophe contient beaucoup de variantes, qui sont conformes à la leçon du ms. Conrart 21 : « Tu marques ce que dans Homère / On trouve de froid et de bon, / Et connais tant de la grammaire / Que L'Escale ni Casaubon » (L'Escale désigne Scaliger). Puis suit la leçon du ms. 2943.

ai Ms. 2943 : « qui vous décore… », qui semble être une erreur. On corrige avec la leçon des ms. 843 et Conrart 21.

aj Ms. 2943 : « mon v. » ; ms. 843 : « Les solécismes de mon <blanc> ».

Priapée 10

ak Ms. 843 : « Ne faites pas la renchérie ».

al Ms. 843 : « Vous baiser n'est pas grand butin ». La leçon finalement retenue (« gagner ») s'accorde mieux avec le « butin ». Il ne semble donc pas que ce soit un effet de censure ou de pudeur.

Priapée 11

am Ms. 843 : « je ne vous <blanc> ».

Priapée 12

an Ms. 843 : « Sont puissantes et merveilleuses ».

ao Ms. 843 : « Au châtiment des vanités ».

ap Ms. 843 : « Margot, qu'on a vue autrefois » ; ms. Conrart 21 : « Lise qu'on a vue autrefois ».

aq Ms. 843 : « Traiter les cœurs même[s] des rois ».

ar Ms. 2943 : « la f. » ; ms. 843 : « Que mon palefrenier la <blanc> ».

Priapée 13

as Ms. 843 : « Qu'ont les ébats de Cythérée ».

at Ms. 2943 : « un v. » ; ms. 843 : « O qu'un zet, belle Jeanneton ».

Priapée 14

au *Œuvres…*, 1646 et *Rec. des plus beaux vers*, 1630 : « De la charbonner dans mes vers ».

av Ms. 2943 : « nul*le* doute » puis, suscrit : « aucun » : la désinence féminine semble avoir été ajoutée pour corriger la mesure du mètre. La leçon originale est cependant maintenue ; *Œuvres…*, 1646 : « Ah le galant, il croit sans doute / Que la demoiselle m'écoute. », leçon peu satisfaisante. Voir en note de bas de page le commentaire du copiste au sujet de ce vers.

aw Ms. 2943 : « la f. » ; ms. 843 : « Il meurt de peur que je la <blanc> » ; *Rec. des plus beaux vers*, 1630 : « Il sait que la belle m'écoute. »

Priapée 15

ax La correspondance de Mainard contient une version alternative de ce texte présenté comme « corrigé seulement pour vous [monsieur De Flotte] plaire, et peut-être de mal en pis : *S'il est vrai, belle Pasithée, / Qu'à faute d'être visitée, / Vos soleils jadis si divins / Soient du pays des Quinze-Vingts. / Que la pudicité s'en aille / Quand il lui plaira dans les cieux. / Cette vertu n'est rien qui vaille / Puisqu'elle fait perdre les yeux.* » (*Les Lettres…*, *op. cit.*, lettre 246, p. 747 ; écrite depuis Saint-Céré, cette lettre daterait du début de l'année 1641 selon C. Drouhet dans le *Tableau chronologique des lettres du poète F. Mainard, accompagné de lettres inédites*, Paris, Champion, 1909, p. 78).

ay *Rec. des plus beaux vers*, 1630 : « Que faute d'être visitée ».

az Ms. 843 : trois mots indéchiffrables sont inscrits dans l'interligne supérieur.

ba *Rec. des plus beaux vers*, 1630 : « Que la pudicité s'en aille / Cette vertu n'est rien qui vaille ».

Priapée 16

bb Ms. 843 : en marge : « chez Madame des Jardins », leçon peu satisfaisante.

Priapée 17

bc Ms. 843 et *Rec. des plus beaux vers*, 1627 : « Avecque prodigalité. »

bd Ms. 2943 : « Par où les héritiers » souligné. Variante : « d'où la postérité » (qui se trouve également dans : *Rec. des plus beaux vers*, 1627). Cette modification des mots à la rime permettait d'éviter une rime dite « normande ». Sur ce point, voir Yves-Charles Morin, « La naissance de la rime normande », *Poétique de la rime*, éd. J. Dangel et M. Murat, Paris, Champion, « métrique française et comparée », 2005, p. 219-252 ; G. Peureux, *La Fabrique du vers*, Paris, Le Seuil, « Poétique », 2009, p. 244 et suiv. ; Dominique Billy, « Théorie et pratique de la rime normande au XVIIe siècle : ce que nous apprennent les arts poétiques et les théoriciens de la rime », actes du colloque de Nanterre (juin 2014), éd. N. Cernogora, E. Mortgat et G. Peureux, Paris, Champion, à paraître.

be Ms. 2943 : « viennent » est souligné ; variante marginale : « est venue » (qui se trouve aussi dans : *Rec. des plus beaux vers*, 1627).

Priapée 20

bf Suscrit : « lez » (pour « voulez »). Il est vraisemblable que Mainard ait compté « voudriez » comme dissyllabique (comme « sanglier », « bouclier », etc.) mais que le copiste n'ait pas partagé ce décompte.

bg Ms. 843 : « Mes co.<blanc> ».

Priapée 21

bh Ms. 2943 : « me voici v. » ; ms. 843 : « Me voici chose en main ».

bi Ms. 843 : « Que l'on s'embrasse en l'autre monde. » Version faible.

Priapée 22

bj Ms. 843 : « Comme tu trembles de la tête. » « Branler de la tête » n'est alors pas moins idiomatique que « trembler de la tête » et offre l'avantage de répéter de manière équivoque le verbe du vers précédent.

Priapée 23

bk Ms. 2943 : « tu f. » ; ms. 843 : « Les beaux garçons $$ ».

Priapée 24

bl Ms. Conrart 21 : « Où vous avez la chaudepisse ».

bm Ms. Conrart 21 : « Cent vits-d'ases en même temps. » L'obscénité perdue en renonçant à cette leçon est compensée par la mention des « Priapes ».

Priapée 25

bn Ms. 2943 : « de f. » souligné. Cela n'a guère de sens. La leçon conservée (« de grâce ») est proposée en marge de droite.

bo Ms. 2943 : « un v. »

bp Ms. 2943 : « f. » ; « vertement » est souligné et on note une variante en marge de droite : « chaudement ».

bq Ms. 2943 : suscrit : « con » (pour « un con de bonne volonté »).

Priapée 26

br Ms. 843 : « Et ces paillards vivaient contents ». Deux mots suscrits sont illisibles.

bs Ms. 2943 : « Fesses » souligné. Les variantes, dans la marge de droite, « fougues/c[ouil]-les », semblent plus attendues dans le contexte.

bt Ms. 843 : « Mon chose ne trouve aujourd'hui ». La marge de droite porte nombreux essais plus ou moins aboutis témoignant de plusieurs campagnes (plusieurs encres) de rédaction de ce poème : « Tant soit-elle chaude et paillarde », « Et le prince des étalons » (« prince » biffé et « empereur » suscrit), « pour tout emploi n'a que la garde », « des citrouilles et des oignons ». Cette strophe est reprise plus bas sur la même page : « Mon chose ne trouve aujourd'hui / Femelle qui veuille de [biffé ; un mot suscrit est illisible, peut-être “sur” ; dans la marge : “ / Faire ce qui peuple le monde”] lui, / Quelque nectar dont il abonde. / Les édits de la chasteté / N'auraient-ils pas banni du monde / Les noms de bonne volonté. ? » Autres variantes dans la marge de droite : « O l'étrange stérilité / Il ne se trouve plus au monde / Un nom de bonne volonté. » et : « Et l'empereur des étalons / Ne sert plus qu'à faire la ronde, / Autour des gens et des melons. » Sous ces mots, souligné : « artichauts » Et plus bas, sur la page : « Goûter le miel de la nature [?] / Pour moi, je pense que les vers / S'empressent dans la sépulture / De tous les noms de l'<blanc>… » Et tout en bas de la page : « Relever de sentinelle le dogue du jardinier. » Une nouvelle version se trouve sur la page suivante : « Mon chose ne trouve aujourd'hui / Femelle qui veuille sous lui / Travailler à peupler le monde / Et le dieu des bons compagnons / Ne sert plus qu'à faire la ronde / Autour des gens et des violons. » Dans la marge de droite de cet essai : « La plus infâme le nasarde » et « Pour tout emploi n'a que la garde », puis : « des citrouilles et des oignons ». On trouve aussi une leçon complète du texte au f. 211r : « Quand aurez-vous de l'amitié / Pour un zet de si bonne mine, / Il implore votre pitié / La paillardise l'assassine. // Les nymphes du temps passé / Faisaient gloire d'être battues / Des Priapes qui m'ont laissé / La tutelle de ces laitues, // Belles nymphes songez à eux / Il n'est point de nectar si doux / Que celui dont mon vase abonde, // O l'étrange stérilité / Je ne trouve plus dans le monde / Un nom de bonne volonté. » La leçon du vers 6 est inscrite au-dessus ; « Etaient journellement » est biffé. Dans la marge de droite, face à la première strophe, on lit, enfin : « Nymphes, je brûle tout le jour. / La paillardise m'assassine / N'avez-vous jamais d'amour / Pour un zet de si bonne mine. »

bu Ms. 843 : « La plus infâme le nasarde ».

bv Ms. 843 : « Et le grand roi des étalons » ; suscrit : « prince », non retenu pour des raisons métriques sans doute (vers faux et rime à recomposer).

bw Ms. 843 : « N'a point d'autre emploi que la garde ».

Priapée 27

bx Ms. 2943 porte « Mon v. » ; ms. 843 porte « Mon zet à l'entour de ton cu ».

by Ms. 843 : « Ne dansera pas la mauresque ».

bz Ms. 843 : « Je ne veux point d'un nom si vieux » : pour ne pas écrire « con ».

Priapée 28

ca Ms. 843 : « Voici le premier jour d'avril. » Suscrit : « Jeanne, voici le doux ».

cb Ms. 843 : « Jeanne, et que penses-tu que je die ». Dans la marge de gauche : « Et que penses tu que je die / Avec sa douce mélodie ? / Le rossignol qui te ravit / Il se dit ».

cc Ms. 843 : « qui te ravit ».

cd Ms. 843 : « Elle dit que tu n'es pas sage ». « Elle » biffé et « Il se te » suscrit (hésitation entre les formes réfléchie et indirecte).

ce Ms. 2943 : « jeune v. » ; ms. 843 : « d'un jeune.$. »

Priapée 29

cf Ms. 2943 : « Silence » est souligné et une variante est proposée : « œil triste ». On retrouve également cette variante dans la correspondance de Mainard : *Les Lettres…*, *op. cit.*, p. 451.

Priapée 32

cg *Rec. plus ex. vers sat.*, 1617 : « Et qui feignant l'embesognée » ; *Cab. Sat.*, 1618 : « Et qui faisant l'embesognée ». Cette dernière leçon semble corriger une erreur de lecture faite en 1617.

ch *Rec. plus ex. vers sat.*, 1617 : « Elle est sèche comme une ruche ».

ci *Rec. plus ex. vers sat.*, 1617 et *Cab. Sat.*, 1618 : « Mal faite comme une guenuche ».

cj *Rec. plus ex. vers sat.*, 1617 : « Eloquente comme un garçon », leçon moins pertinente et qui pourrait procéder d'une erreur de déchiffrage commise dans l'atelier de l'imprimeur.

ck Ms. 2943 : « pauvre de C. » ; ms. 843 : « non » (pour « nom » ?).

Priapée 33

cl Ms. 2943 : « Pierre f. » ; ms. 843 : « Pierre <blanc> ».

cm Ms. 843 : « Mais c'est parce que la <blanc> ».

cn Ms. 2943 : « Etonne » est souligné ; marque d'indécision du copiste : « peut-être *Eloigne* », selon une leçon qui serait acceptable.

co Ms. 843 : « Qu'autre homme que luy ne la <blanc> ».

Priapée 34

cp Ms. 2943 : « Lise » est biffé et « Iris » suscrit ; ms. 843 : « Lise dans les eaux… ».

cq *Rec. plus ex. vers sat.*, 1617 : « Elle dit beaucoup d'étranges choses » – vers faux (9 syllabes).

cr *Rec. plus ex. vers sat.*, 1617 et *Cab. Sat.*, année sat. : « D'avoir perdu sa belle enseigne ».

cs *Rec. plus ex. vers sat.*, 1617 : « et ses bracelets ».

ct Ms. 843, *Rec. plus ex. vers sat.*, 1617 et *Cab. Sat.*, année sat. : « C'est la mort d'un de ses valets ».

cu Ms. 2943 : « Qui f.tait » ; *Cab. Sat.*, année sat. : « Qui f…tait six coups d'une haleine. »

Priapée 35

cv Ms. 2943 : « à f. » ; ms. 843 : « A dormir, et non pas à $ ».

Priapée 37

cw M. 843 : « Dont les reins non jamais taris ».

cx Ms. 843 : « Dedans le sang mirent à nage ».

cy Ms. 2943 : appel de note après « coquette » et note marginale, à droite du texte : « il faudrait *pucelle.* »

cz Ms. 2943 : « f.tues » ; ms. 843 : « Que si tant qu'il en a battues ».
da Ms. 2943 : oubli de « se », présent dans le ms. 843.

Priapée 38

db Ms. Conrart 18 : « Ne pense pas, Alix, que je te baise ».
dc Le ms. 2943 porte : « vilain c. » et le ms. 843 : « Ton vieux engin n'est que pour les valets » ; ms. Conrart 18 : « Ton vieil engin ».
dd Le ms. 2943 porte : « Mon v. » et le ms. 843 : « Mon zet, Alix, n'est jamais en cervelle ».
de Ms. 843 : « Où le duvet à peine est apparent » ; ms. Conrart 18 : « Dont le duvet à peine est apparent ».
df Ms. 843 et ms. Conrart 18 : « J'aime l'enfance et voudrais un jour être ».
dg Ms. Conrart 18 : « Comme autrefois notre premier parent ».
dh Ms. 2943 : « d'un c. » ; « vient » (pour : « vient de naître ») est suscrit ; ms. 843 : « + d'un nom qui ne veut que son maître » ; ms. Conrart 18 : « Fouteur d'un con qui ne vint que de naître. »

Priapée 39

di Le ms. 843 comporte deux tercets (finalement employés dans le texte 51, p. 125), qui forment un sonnet libertin avec les deux quatrains : « Le bordel même vous méprise, / Votre amour a la barbe grise / Et sent le *vous m'entendez bien.* // Cessez de le parfumer d'ambre / Désormais il ne vaut plus rien / Qu'à remplir votre pot de chambre. » Variantes marginales pour le second quatrain : « Et sait le prix qu'on lui demande » puis, plus bas : « <deux mots illisibles> que demandes-tu / Tes magots ont l'âme si grande / Qu'ils n'osent aimer la vertu. »

Priapée 40

dj Ms. 2943 : « Débite » est souligné et suivi d'un appel de note. La marge de droite du feuillet contient un commentaire souligné suivi de deux propositions de variantes également soulignées : « Il y a là faute peut-être. S'irrite. Tu jures ».
dk Ms. 2943 : « te f.te » ; ms. 843 : « Mieux que sous galant qui te f. » ; ms. Conrart 21 : « Mieux que sous homme qui te foute ».
dl Ms. Conrart 21 : « Depuis trois mois s'en est allé ».
dm Ms. 843 : « Notre siècle a beaucoup perdu » : biffé. Le texte s'arrête ici : il semble qu'un feuillet ait été arraché.
dn Ms. 2943 : « f.tre »

Priapée 41

do Ms. 843 : « Mes soins ne sauraient plus durer ».
dp Ms. 843 : « Il faut aller faire un voyage ».
dq Ms. 843 : « Que je voudrais bien différer. » Suit une strophe qui n'a pas été conservée : « Adieu, Lise, je vais descendre, / Où Malherbe fait des chansons / Pour devenir l'horrible gendre / De la déesse des Moissons. »
dr Ms. 843 : « A peur des fougues de ton <blanc> ».

Priapée 42

ds *Rec. des plus beaux vers*, 1630 : « Lise ton éloquence est forte ».
dt Ms. 843 : « mais je doute qu'elle me porte » : « je doute » est biffé ; « n'attends plus » est inscrit au-dessus.
du Ms. 843 : « Pour être bâton de vieillesse. »

Priapée 43

dv Ms. 843 : texte entièrement barré.

dw Ms. 843 : « <blanc> sème ailleurs tes artifices » ; marge de gauche : « Jean, sème ailleurs tes artifices » et dans la marge de droite, barré trois fois : « Je sais malgré tes artifices / Que ton âme [suivent plusieurs mots illisibles ; sans doute : n'a rien de net ».

dx Ms. 2943 : « Je sais que ton+ <blanc> n'est pas net ». La note, dans la marge de droite, porte : « + cœur », selon une leçon confirmée dans le ms. 843 mais qui semble être une euphémisation pour « cul ».

dy Ms. 843 : « Et qu'on devra punir les vices » ; la version finalement retenue est suscrite.

dz Ms. 843 : « Qui règnent dans ton cabinet » ; la version finalement retenue est suscrite.

ea Ms. 843 : les deux tercets sont radicalement différents : « Ces médailles de temps de crises / Et ces chapelets que tu prises, / Tu les pries moins qu'un fétu. // Colin ton dehors, n'est que plâtre, / Et la rôle de la vertu / N'est que ton habit de théâtre. » « Colin » est biffé et « Jean » inscrit au-dessus : il s'agit de supprimer une syllabe puisque « N'est que » est biffé et « en tout fait de » inscrit dans l'interligne supérieur – le vers reste faux. Dans la marge de droite : « Ton dehors est comme de plume » ; dans la marge de gauche : « Tu n'es que fard » et « Tu n'es que plume. »

Priapée 44

eb Ms. 2943 : « mon v. »

ec Ms. 843 : « Et ton nom deviendra si vaste ».

Priapée 45

ed Ms. 843 : dans la marge de gauche : « Les p. »

ee Ms. 2943 : « Venir » est souligné. Note dans la marge de gauche : « aller ».

ef Ms. 2943 : « bigots » est inscrit dans l'interligne supérieur. Ce quatrain est, pour sa première version dans le ms. 843, très différent : « Les plus purs de ces orateurs / Qui vous mettent dans le scrupule / Seraient-ils pas vos corrupteurs / S'ils vous tenaient dans leur cellule ». Dans la marge de gauche, face au troisième vers : « Passeraient, dame, [le]urs fureurs » (feuillet coupé). Noter que la rime des deuxième et quatrième vers est forcée par le recours à une orthographe archaïque (« ampule »), ce qui, outre l'opacité du passage, explique peut-être que Mainard a finalement renoncé à cette leçon. Il a d'ailleurs noté dans la marge de droite une version très proche de celle du ms. 2943 : « Ces bigots à petit collet / De qui l'apparence vous dupe / Quand ils disent le chapelet / Ont leur esprit sous votre jupe. »

eg Ms. 2943 : « le » (pour : « le chapelet ») est suscrit.

eh Ms, 2943, variante marginale : « Donnez donc en vos plus beaux jours / A la nature un libre cours / Et débridez vos pucelages. / Quoi, voulez-vous toujours brûler ? » ; ms. 843 : « Il faut goûter avecque nous ».

ei Ms. 843 : « Quoi ? voudriez-vous toujours brûler ». Cette version, peu claire, ne permettait pas de placer « cul » comme le fait la leçon finale.

ej Ms. 2943 : « f.tre » ; ms. 843 : « Aiment mieux baiser que filer. »

Priapée 46

ek Ms. 843 : « Cependant à cotte levée » ; en marge : « jupe ».

el Ms. 843 : « Elle court après des valets ».

em Ms. 843 : « N'a baisé deux fois d'une haleine. »

Priapée 48

en Ms. 843 : les mots rimes de ce vers et du suivant sont caviardés. On devine « étron » puis « patron » au vers suivant.

Priapée 49

eo Ms. 843, en marge, à droite : « Mes ans vont achever leur tour / Et mes yeux vont perdre le jour / Il semble à la reine des morts / Que mon âme aye quitté mon corps. » Quatrain repris à l'identique dans *Les Lettres* (lettre 155, non datée, *op. cit.*, p. 446). Puis : « Mon Priape est si renommé / Que cette garce au teint fumé / Prétend que je donne à Pluton / Une coiffure de mouton. » Mais ce quatrain ne trouvait guère sa place dans le texte : ce dernier est adressé à Jeanne et non à la troisième personne (« cette garce »). Sous le texte, dans le pied de page : « Mes ans vont achever leur tour / Et mes yeux vont perdre le jour / Me voici près des tristes lieux / Où je dois voir mes aïeux. // Adieu, Lise. Adieu, Cypris, / Je n'attends plus d'être surpris / Par le prompt retour des matins / Endormi sur ses beaux tétins. »

ep Ms. 843 : « Toutes les fois que je te <blanc> ».

eq Ms. 843 : « Provient de ta lubricité » ; « Me vient » est suscrit ; Mainard a ajouté dans la marge de droite : « Vient de ton impudicité ».

er Ms. 843 : les vers sont notés dans le désordre. Ils se substituent à une première leçon abandonnée : « Devant que d'être ton amant / J'étais un homme si charmant / Que les vestales pour me voir / Choquai[en]t leur règle et leur devoir. » En marge de ces vers : « faisaient la figue à leur devoir ». Mainard propose dans sa correspondance (lettre au marquis de Rouillac, non datée) une version intermédiaire entre celle-ci et la définitive : « Voici un quatrain qui m'est échappé en soupant avec nos prélats français : *Avant que d'être ton amant / J'étais un homme si charmant, / Que pour un fil de mes cheveux / Les Vestales rompaient leurs vœux.* » (*Les Lettres…*, *op. cit.*, lettre 55, p. 144).

es Ms. 843 : les deux derniers vers du quatrain sont notés dans la marge de droite, après plusieurs hésitations : « Les femmes de jugement / Me faisaient toutes compliment » est biffé (mais sera en partie repris dans la strophe suivante). On note aussi, inscrit au-dessus : « Et les valets de pied du roi / N'allaient pas si vite que moi. »

et Ce quatrain est donné de manière identique dans la lettre 78 (non datée), adressée à monsieur De Flotte (*Les Lettres…*, *op. cit.*, p. 191).

eu Ms. 843 : « Donnent au front de leurs maris ». Mainard envoya une version plus ancienne de ce quatrain à monsieur De Flotte dans sa correspondance (lettre 65, non datée, *op. cit.*, p. 172) et demandait qu'elle fût envoyée à l'archevêque de Reims (Henri II de Guise pour la période 1629-1641, ou Léonore d'Estampes de Valençay pour la période 1641-1648) : « Donnez-lui ce quatrain, qui demande votre approbation : *Je suis heureux en mes amours / Et fais tous les plus beaux atours / Que les coquettes de Paris / Donnent au front de leurs maris.* » L'emploi du présent de l'indicatif suggère que cette stance ne s'inscrivait pas aisément dans cette séquence du poème (à l'imparfait). Elle avait peut-être une autre place dans le texte ou était initialement destinée à s'inscrire dans un autre texte, voire était à l'origine une épigramme autonome.

ev Ms. 843 : dans la marge de droite : « Si tu m'avais moins épuisé / Mon corps ne serait pas usé ». Cette leçon non retenue avait sans doute le désavantage de ne pas contenir de mots choquants.

ew Ms. 2943 porte : « tes », non biffé, tandis que « les » est suscrit. « Tes » n'a guère de sens, sauf à considérer, de manière fort discutable, que « Jeanne » avait par exemple des domestiques que le sujet lyrique fréquentait aussi. On conserve donc la leçon inscrite au-dessus.

ex Ms. 843 : « Travaille à te pourvoir ailleurs ».
ey Ms. 843 : « De douze amants frais et nerveux ».
ez Ms. 843 : « Qu'en l'état où tu m'as rendu ».
fa Ms. 843 : « Je trépasse le nerf tendu ».

Priapée 51

fb À partir du 5e vers, la leçon du ms. 843 varie fortement : « Crois-moi, fuis désormais les éclats, / Ton dos est devenu montagne, / Et ta dent creuse, et ton nez plat, / Ont enchéri les gents d'Espagne. / Il faut songer à l'avenir, / Et ton front te doit retenir / Il est digne de révérence, / On me l'a figuré si vieux / Que tu peux avec apparence / Le mettre au rang de tes aïeux. » Cette version contient elle-même quelques variantes : « Crois-moi, fuis désormais » est biffé et Mainard a écrit au-dessus : « la campagne », ajoutant dans la marge de gauche : « Pourquoi les mets-tu dans », « le mets » étant biffé et « donnes » inscrit dans l'interligne supérieur. Il ajoute aussi au-dessus de « Il faut… » : « Sois plus modeste », et « chose » au-dessus de « front ».

Priapée 52

fc Ms. 2943 : « cœur » (pour : « au cœur de ces jeunes beautés ») est suscrit.

Poème 53

fd Ms. 843 : le texte est barré et précédé d'un « P » majuscule.
fe Ms. 843 : dans la marge de gauche : « jupe ».
ff Le ms. 2943 porte : « votre v. ». Ms. 843 : « Lorsque je songe à » : le vers n'est pas terminé et le suivant : « Voilà le mien qui me démange » empêche Mainard de le terminer. Dans la mesure où la « cotte levée » est évidemment celle d'une femme, « le mien » ne peut renvoyer à « vit » (qui permettrait de terminer le vers avec une rime correcte), ni à « cul », sans quoi la rime avec « ravit » serait fausse. Le ms. 2943 contient la solution en substituant « Voilà mon con » à « Voilà le mien ».
fg Ms. 2943 : « un v. » ; ms. 843 : « un <blanc> ».
fh Ms. 2943 : « Aimer » souligné.
fi Ms. 843 : « Mon corps aussi, quoi qu'il soit beau ».
fj Ms. 2943 : « un » biffé devant « outil ». Sans doute une erreur de copie.

Priapée 54

fk Ms. 843 : « La triste fleur de ta pudicité ».
fl Ms. 843 : « De faire choir un cœur comme le mien ».

Priapée 55

fm Ms. 2943 : « ces ». *Idem* au vers suivant.
fn Ms. 2943 : « était » (pour « était paré »).
fo Ms. 843 : « Et quand je fais bondir ta fe<blanc> ».
fp Ms. 2943 : « Un pot de chambre seulement ».
fq Ms. 843 : « Est le témoin de ta souplesse. »

GLOSSAIRE

Accoler : donner une accolade.

Bonhomme : terme de mépris.
Bureau : étoffe de laine brune employée pour les vêtements modestes.
Buter : viser, aspirer.

Camus : plat (pour le nez).
Carcan : collier.
Cautère : plaie, escarre.
Cheval : ignorant, lourdaud.
Choquer : contredire, aller contre le bons sens.
Climatérique : désigne des multiples de 7 ou de 9, et en particulier les 49e, 63e et 81e années de la vie.
Cristalline : manifestation cutanée (pustules) sur le prépuce.
Culeter : jouer du cul, coïter.

Débrider : libérer (donner son pucelage, sa virginité).
Désavouer : refuser de reconnaître comme vrai.

Enchérir : rivaliser avec.
Enseigne : ornement où plusieurs pierreries sont enchâssées.
Être en cervelle : attendre avec impatience.

Foutée : partenaire sexuelle.
Franchise : liberté.
Friper : chiffonner, gâter.

Grotesque : ornement antique, à caractères fantastiques ou étranges.

Guenuche : guenon.
Guignoir (de Hollande) : longue-vue.

Hyménée : mariage.

Incaguer : défier, voire recouvrir d'excréments.

Mauresque : danse dont l'origine est attribuée aux Maures.
Meubler, se meubler : trouver un partenaire, se marier.

Nasarder : se moquer.
Nature : sexe.

Patenôtre : de *Pater noster*, la prière du Notre Père ou toute autre prière.
Pie : pieux.
Poulet : messages, billets galants.
Pourvoir : se marier ; mais a un sens plus pratique et sexuel.
Pucelage : virginité.

Remise : ajournement.
Renchérie ; faire la renchérie : difficile ; faire la difficile.
Rubrique : remarques en lettres rouges indiquant les règles de cérémonies dans les livres de liturgie.

Tributaire : qui paie un tribut.

Zet ou zest : mot rare et dont l'usage semble exclusivement réservé aux textes à vocation obscène ; il est employé dans les recueils collectifs de poésie satyrique ou par Tabourot, sans doute en référence au « zest », petit instrument de cuir employé pour souffler de la poudre sur les perruques et qui s'enfle à cette occasion.

BIBLIOGRAPHIE

PRIAPÉES DE FRANÇOIS MAINARD

MANUSCRITS

Ms. 2943 – Bibliothèque de l'Arsenal, Paris.
Ms. 4123 – Recueil Conrart, t. XVIII – Bibliothèque de l'Arsenal, Paris.
Ms. 4126 – Recueil Conrart, t. XXI – Bibliothèque de l'Arsenal, Paris.
Ms. 843 – Bibliothèque Municipale de Toulouse.
Ms. 844 – Bibliothèque Municipale de Toulouse.

ÉDITIONS

MAINARD, François, *Le Cabinet secret du Parnasse. Recueil de poésies libres, rares ou peu connues, pour servir de Supplément aux œuvres dites complètes des poètes français François de Malherbe et ses écoliers – François de Malherbe, Le Président Mainard, Racan, Yvrande*, éd. L. Perceau, Paris, Au Cabinet du Livre, 1932.

MAINARD, François, *Le Caleçon des coquettes du jour suivi des Priapées de Mainard*, Bruxelles, Successeur du Poulet Mal assis, sans date.

MAINARD, François, *Œuvres poétiques. Réimprimées sur l'édition de Paris (Augustin Courbé, 1646) enrichies de variantes, revues et annotées par P. Blanchemain*, Paris, J. Gay, 1864.

MAINARD, François, *Priapées de Mainard. Publiées pour la première fois d'après les manuscrits, et suivies de quelques pièces analogues du même auteur, extraites de différents recueils*, Freetown, Imprimerie de la Bibliomaniac Society, 1864.

MAINARD, François, *L'Œuvre priapique des anciens et des modernes. « Priapeia », traduit pour la première fois ; « L'Hermaphrodite », de Panormita ; « L'Hecatelegium », de Pacifico Massimi, extraits ; Priapées, de Maynard…*, Paris, Bibliothèque des curieux, « Les maîtres de l'amour », 1914.

AUTRES ŒUVRES DE F. MAINARD

MAINARD, François, *Les Lettres du Président Mainard*, Paris, T. Quinet, 1652.
MAINARD, François, *Les Œuvres*, Paris, A. Courbé, 1646.
MAINARD, François, *Pièces nouvelles*, Toulouse, A. Colomiez, 1638.
MAINARD, François, *Pièces nouvelles*, Paris, A. Soubron, 1639.
MAINARD, François, *Poésies. Recueil de 1646 et choix de divers autres recueils*, éd. F. Gohin, Paris, Classiques Garnier, 1927.

OUVRAGES AVANT 1800

ANCILLON, Charles, *Mémoires concernant les vies et ouvrages de plusieurs modernes célèbres dans la République des Lettres*, Amsterdam, Wetsteins, 1709.
ARÉTIN, Pietro Aretino dit l', *Ragionamenti*, éd. bilingue P. Larivaille et G. Aquilecchia, Paris, Les Belles Lettres, « Bibliothèque italienne », 2008, 2 t.
ARÉTIN, Pietro Aretino, dit l', *Capricciosi e piacevoli Ragionamenti di Pietro Aretino. Nova editione, con certe postille, che spianano e dichiarano evidentemente i luoghi e le parole piu oscure. La Puttana errante, overo dialogo de Madalena e Giulia, stampati in Cosmopoli*, Leyde, J. Elzevier, 1660.
ARÉTIN, Pietro Aretino, dit l', *Lettres de l'Arétin (1492-1556)*, trad. A. Chastel et N. Blamoutier, Lyon, Scala, 1988.
AUVRAY, Jean, *Le Banquet des muses ou les divers satires… contenant plusieurs poèmes non encore vus ni imprimés…*, Paris, D. Ferrand, 1623.
BERNI, Francesco, *Rime*, éd. S. Longhi, dans *Poeti del Cinquecento*, t. I, *Poeti lirici, burleschi, satirici e didascalici*, éd. G. Gorni, M. Danzi et S. Longhi, *Rime*, Milan-Naple, Riccardo Ricciardi Editore, « La letteratura italiana. Storia e testi », 2001, p. 625-890.
CATULLE, *Poésies*, éd. bilingue G. Lafaye, revue par S. Viarre et J.-P. Néraudau, Paris, Les Belles Lettres, « Classiques en poche », 1996.
COLLETET, Guillaume, *Les Divertissements…* [1631]. *Seconde édition revue et augmentée par l'auteur*, Paris, J. Dugast, 1633.
DE LORME, Thomas, *La Muse nouvelle ou les agréables divertissements du Parnasse*, Lyon, B. Coral, 1665.
GARASSE, François, *La Doctrine curieuse des beaux esprits de ce temps, ou prétendus*

tels, contenant plusieurs maximes pernicieuses à la religion, à l'État et aux bonnes mœurs, combattue et renversée par le P. François Garassus, Paris, S. Chappelet, 1623.

GARASSE, François, *La Somme théologique des vérités capitales de la religion chrétienne...*, Paris, S. Chappelet, 1625.

HORACE, *Satires*, éd. bilingue F. Villeneuve, Paris, Belles Lettres, « Collection des universités de Paris », 1989.

JUVÉNAL, *Satires*, éd. bilingue P. de Labriolle et F. Villeneuve, reprise par O. Sers, Paris, Belles Lettres, « Classiques en poche », 2002.

Le Cabinet satyrique ou recueil de vers piquants et gaillards tirés des cabinets des Sieurs de Sigogne, Régnier, Motin, Berthelot, Maynard, et autres des plus signalés poètes, Au Mont Parnasse, De l'imprimerie de messer Apollon, l'année satyrique, t. 1.

Le Cabinet satyrique ou recueil parfait, des vers piquants et gaillards de ce temps. Tiré des secrets cabinets des Sieurs de Sigogne, Régnier, Motin, Berthelot, Maynard et autres des plus signalés poètes de ce siècle. Nouvelle édition, revue, corrigée, et de beaucoup augmentée, Paris, P. Billaine, 1618.

LE GENTIL DE LA BARBINAIS, *Nouveau Voyage autour du monde [...]. Enrichi de plusieurs plans, vues et perspectives des principales villes et ports du Pérou, Chili, Brésil et la Chine. Avec une description de l'empire de la Chine beaucoup plus ample et plus circonstanciée que celles qui ont paru jusqu'à présent, où il est traité des mœurs, religion, politique, éducation et commerce des peuples de cet empire*, Amsterdam, P. Mortier, 1728, t. 1.

LE PAYS, René, *Les Nouvelles Œuvres*, Amsterdam, A. Wolgank, 1674, t. 1.

LE PETIT, Claude, *Œuvres libertines*, éd. T. Pogu, Paris, Cartouche, « Classiques », 2012.

Le Petit Cabinet de Priape, éd. J. Gay, Neuchâtel, Presses de la société des bibliophiles cosmopolites, 1874. Rééd. : Bassac, Plein chant, « Bibliothèque facétieuse, libertine et merveilleuse », 2011.

Le Satyrique français, s. l., 1623.

Les Jeux de Priape. Anthologie d'épigrammes érotiques éd. et trad. F. Dupont et T. Eloi, Paris, Le Promeneur, 1994.

MARTIAL, *Épigrammes*, trad. D. Noguez, Paris, Seuil, 2006.

MARTIAL, *Épigrammes*, trad. H. I. Izaac [1930], Paris, Belles Lettres, « Collection des universités de France », 1969-1973, trois vol.

Menagiana ou les bons mots et remarques critiques, historiques morales et d'érudition, de monsieur Ménage, recueillies par ses amis, Paris, Veuve Delaulne, 1729, t. II.

Menagiana, ou bons mots. Rencontres agréables, pensées judicieuses, et observations curieuses [...]. Troisième édition augmentée, Amsterdam, P. du Coup, 2 t. en un vol., 1713.

Menagiana, ou Les bons mots et remarques critiques, historiques, morales et d'érudition de M. Ménage, recueillies par ses amis, 3e édition, plus ample de moitié et plus correcte que les précédentes, Paris, F. Delaulne, 1715.

MÉNESTRIER, Claude-François, *Des Représentations en musique [sic] anciennes et modernes*, Paris, R. Pepie, 1685.

Priapées, éd. bilingue L. Callebat, Paris, Les Belles Lettres, « Collection des universités de France », 2012.

RACAN, Honorat de Bueil de, *Vie de Monsieur de Malherbe*, éd. M.-F. Quignard, Paris, Gallimard-Le Promeneur, « Le cabinet des lettrés », 1991.

Recueil des plus beaux vers de Messieurs de Malherbe, Racan, Maynard, Boisrobert, Monfuron, Lingendes, Touvant, Motin, De L'Estoile, et autres divers auteurs des plus fameux Esprits de la cour. Revus, corrigés et augmentés, Paris, T. du Bray, 1630.

Recueil des plus beaux vers de messieurs de Malherbe, Racan, Monfuron, Maynard, Boisrobert, L'Estoile, Lingendes, Touvant, Motin, Mareschal et autres des plus fameux esprits de la cour, par le commandement de Monseigneur le comte de Moret, Paris, T. du Bray, 1627.

Recueil des plus excellents vers satyriques de ce temps. Trouvés dans les cabinets des sieurs de Sigogne, Régnier, Motin, qu'autres, des plus signalés Poètes de ce siècle, Paris, A. Estoc, 1617.

RICHELET, César-Pierre, *Traité de l'épigramme* dans le *Recueil des plus belles épigrammes des poètes français. Depuis Marot jusqu'à présent. Avec des notes historiques et critiques, et un traité de la vraie et de la fausse beauté dans les ouvrages d'esprit. Traduit du latin de Mrs. de Port-Royal*, Paris, N. Le Clerc, 1698, t. 1.

SÉBILLET, Thomas, *Art poétique français*, éd. F. Gaiffre [1910], mise à jour par F. Goyet, Paris, Nizet, 1988.

TALLEMANT des Réaux, Gédéon, *Historiettes*, éd. A. Adam, Paris, Gallimard, « Bibliothèque de la Pléiade », 1960, t. 1.

VIAU, Théophile de, *Œuvres poétiques*, éd. G. Saba, Paris, Garnier, 1990.

ÉTUDES SUR F. MAINARD

DINGUIRARD, Jean-Claude, « *Erotica verba* chez Maynard », *Cahiers Maynard*, n. 9, 1979, p. 31-39.

DROUHET, Charles, *Le Poète François Maynard (1583 ?-1646). Étude critique d'histoire littéraire*, Paris, Champion, 1909.

DROUHET, Charles, *Les Manuscrits de Maynard conservés à la bibliothèque de Toulouse. Étude bibliographique, accompagnée de pièces inédites*, Paris, Champion, 1908.

DROUHET, Charles, *Tableau chronologique des lettres du poète F. Maynard, accompagné de lettres inédites*, Paris, Champion, 1909.

DURAND-LAPIE, Paul, et Lachèvre, Frédéric, *Deux Homonymes du XVIIe siècle : François Maynard, président au Présidial d'Aurillac, membre de l'Académie Française ; et François Ménard, avocat à la cour de Parlement de Toulouse et au présidial de Nîmes. Étude bibliographique*, Paris, Champion, 1899.

« François Maynard », http://www.academie-francaise.fr/les-immortels/francois-maynard

GRAÇA, Frédéric, *François Maynard : le Martial français ? Étude des épigrammes recueillies dans les* Œuvres de Maynard *(1646)*, dir. M. Magnien, Université de Paris 3 – Sorbonne Nouvelle, 2013.

LACHÈVRE Frédéric, *M. Charles Drouhet et le problème des deux Maynard*, Paris, Champion, 1910.

LASSALLE, Jean-Pierre, « Quelques découvertes sur les Maynard et les Flotte », *Cahiers Maynard*, n. 8, 1978, p. 39-59.

LASSALLE, Jean-Pierre, « Un mythe gémellaire : Maynard-Ménard », *Cahiers Maynard*, n. 10, 1980, p. 68-83.

AUTRES ÉTUDES

ABRAMOVICI, Jean-Christophe, *Obscénité et classicisme*, Paris, PUF, « Perspectives littéraires », 2003.

ABRAMOVICI, Jean-Christophe, « Épurer l'héritage : l'abbé de Marolles, traducteur de Martial », *Littérature classiques*, n. 75, 2011, p. 153-166.

ADAM, Antoine, *Théophile de Viau et la libre pensée française en 1620*, [1935], Genève, Slatkine reprints, 2008.

BELLENGER, Yvonne, « Facétie et obscénité dans la poésie après 1550. Discussion », *Bulletin de l'Association d'étude sur l'humanisme, la réforme et la renaissance*, n° 7, 1977. www.persee.fr/doc/rhren_0181-6799_1977_num_7_1_1065

BOMBART, Mathilde, *Guez de Balzac et la querelle des lettres. Écriture, polémique et critique dans la France du premier XVIIe siècle*, Paris, Champion, « Lumière classique », 2007.

BIARD, Coralie, *Le Personnage du Gascon dans* Le Gascon extravagant *(1637) et dans* Le Dom Quixote gascon *(1630) : extravagance, ambivalence, et « miracle de l'impertinence »*, mémoire de master, dir. M. Bombart et M. Rosellini, Université de Lyon 3 et E.N.S. de Lyon, 2013.

BILLY, Dominique, « Théorie et pratique de la rime normande au XVIIe siècle :

ce que nous apprennent les arts poétiques et les théoriciens de la rime », actes du colloque de Nanterre (juin 2014), éd. N. Cernogora, E. Mortgat et G. Peureux, Paris, Champion, à paraître.

BRANCHET, Dominique, « La Révolte du membre », *Obscénités renaissantes*, dir. H. Roberts, G. Peureux et L. Wajeman, Genève, Droz, 2011, p. 215-236.

COULON, Marcel, *La Poésie priapique au XVIe siècle. Avec Bois originaux de V. Le Campion*, Paris, Éditions du Trianon, 1933.

COUROUAU, Jean-François, *Moun Lengatge bèl. Les choix linguistique minoritaires en France (1490-1660)*, Genève, Droz, « Cahiers d'Humanisme et renaissance », 2008.

DESCHAUX, Jocelyne, « La bibliothèque de Jean-Jacques Lefranc de Pompignan d'après les fonds de la bibliothèque d'étude et du patrimoine de Toulouse », *Jean-Jacques Lefranc de Pompignan. Un homme de cultures au siècle des Lumières*, actes du colloque de Toulouse-Montauban-Pompignan (22-23/09/2006), Paris, Eurédit, 2015, p. 35-105

DUBÉDAT, Jean-Baptiste, *Histoire du parlement de Toulouse*, A. Rousseau, 1885, 2 vol.

DUBOUL, Axel, *Les Deux Siècles de l'académie des jeux floraux*, Toulouse, Privat, 1901, 2 vol.

FERGUSON, Gary, *Queer (re)readings in the French Renaissance : Homosexuality, Gender, Culture*, Ashgate, 2008.

FROMILHAGUE, René, *Malherbe. Technique et création poétique*, Colin, 1954.

GIRAUD, Yves, « Aspects de l'épigramme chez Maynard », *Maynard et son temps*, Toulouse, Publications de l'université de Toulouse-Le Mirail, 1976, p. 75-94.

HOUDARD, Sophie, « De l'allusion obscène au théâtre de la débauche. Le palimpseste obscène de Pierre-Corneille Blessebois », *Les Cahiers du Centre de Recherches Historiques* [En ligne], 33 | 2004, mis en ligne le 05 septembre 2008, consulté le 07 janvier 2016. URL : http://ccrh.revues.org/242 ; DOI : 10.4000/ccrh.242

JEANNERET, Michel, « 'Et du branle public et du leur' », *Réforme, Humanisme, Renaissance*, n. 68, 2009, p. 63-73.

JOUHAUD, Christian, « La méthode de François Garasse », *Les Jésuites à l'âge baroque. 1540-1640*, éd. L. Giard et L. de Vaucelles, Grenoble, J. Millon, « Histoire des jésuites de la Renaissance aux Lumières », 1996, p. 243-260.

LACHÈVRE, Frédéric, *Le Libertinage au XVIIe siècle* [1909-1928]. Vol. V. *Les Recueils collectifs de poésies libres et satiriques publiés depuis 1600 jusqu'à la mort de Théophile (1626)...*, Slatkine Reprints, 1968.

Lectures croisées du Gascon extravagant, dir. J.-P. Cavaillé, L. Giavarini et C. Soudan, *Les Dossiers du GRIHL*, 2007 sur le site Revue.org : https://dossiersgrihl.revues.org/325

LEFÈVRE, Martine et Muzerelle, Danielle, « La bibliothèque du marquis de Paulmy », *Histoire des bibliothèques françaises, les bibliothèques sous l'Ancien Régime*, Paris, 1988, p. 300-315.

LOTE, Georges, *Histoire du vers français*, t. VI. *Deuxième partie : le XVIe et le XVIIe siècle. Les genres poétiques, les vers et la langue, la réforme de la déclamation dans la seconde moitié du XVIIe siècle*, Aix-en-Provence, Presses Universitaires de Provence, 1991.

LUCIANI, Isabelle, « Littérature et espace public : la mémoire négociée des Jeux floraux (XVIe siècle – première moitié du XVIIe siècle) », *Les Voix de la nymphe Aquitaine : écritures, langues et pouvoirs, 1550-1610*, dir. J.-F. Courouau J. Cubelier de Beynac et P. Gardy, Agen, Centre Matteo Bandello d'Agen, 2005, p. 239-258.

MAGNIEN, Michel, « Scaliger et Colletet théoriciens de l'épigramme », actes du colloque de Nanterre (juin 2014), éd. N. Cernogora, E. Mortgat et G. Peureux, Paris, Champion, à paraître.

MARTIN, Henry, *Histoire de la bibliothèque de l'Arsenal*, Paris, Plon, 1900.

MORIN, Yves-Charles, « La naissance de la rime normande », *Poétique de la rime*, éd. J. Dangel et M. Murat, Paris, Champion, « Métrique française et comparée », 2005, p. 219-252.

PETOLETTI, Marco, « Boccaccio e i classici latini », *Boccaccio autore e copista*, éd. T. De Robertis, C. M. Monti, M. Petoletti, G. Tanturli et S. Zamponi, Florence, Mandragora, 2013, p. 41-49.

PEUREUX, Guillaume, *La Fabrique du vers*, Paris, Le Seuil, « Poétique », 2009.

PEUREUX, Guillaume, *La Muse satyrique (1600-1622)*, Genève, Droz, « Les seuils de la modernité », 2015.

PEUREUX, Guillaume, « Le 'manuscrit de Maastricht' (*cir.* 1635). Comment étudier la genèse d'une œuvre sans contexte ? », *La Genèse des textes dans l'Europe à l'âge moderne. Études de cas, de Leibniz à Ugo Foscolo*, dir. N. Ferrand, CNRS-Éditions, à paraître.

POITEVIN-PEITAVI, Philippe-Vincent, *Mémoire pour servir à l'histoire des jeux floraux*, Toulouse, M.-J. Dalles, 1815.

RAIMONDI, Francesco Paolo, « Vanini et Mersenne », *Kairos*, n. 12, 1998, p. 181-253.

ROBERTS, Hugh, « Obscenity and the Politics of authorship in Early Seventeenth-Century France : Guillaume Colletet and the *Parnasse satyrique* (1622) », *French Studies*, n. 68, 2014, p. 18-33.

SCHAPIRA, Nicolas, *Un Professionnel des lettres au XVIIe siècle. Valentin Conrart : une histoire sociale*, Seyssel, Champ Vallon, « Époques », 2003.

SOUBEILLE, Georges, « Un vieil alibi : la *lex catulliana* », *Cahiers Mainard*, 1986, n. 15, p. 46-50.

VEYNE, Paul, *L'Élégie érotique romaine. L'amour, la poésie et l'Occident* [1983], Paris, Seuil, « Points/Essais », 2003.

OUTILS (GRAMMAIRE, BIBLIOGRAPHIES, DICTIONNAIRES)

COTGRAVE, Randle, *A Dictionary of the French and English Tongues*, Londres, A. Islip, 1611.

DI STEFANO, Giuseppe, *Dictionnaire des locutions en moyen français*, Montréal, CERES, « Bibliothèque du moyen français », 1993.

FOURNIER, Nathalie, *Grammaire du français classique*, Paris, Belin, « Sup. Lettres », 1998.

FURETIÈRE, Antoine, *Dictionnaire universel* [1690], éd. A. Rey, Paris, Le Robert, 1978.

GAUDRIAULT, Raymond, avec le concours de Thérèse Gaudriault, *Filigranes et autres caractéristiques des papiers fabriqués en France aux XVII*e *et XVIII*e *siècles*, Paris, CNRS-Éditions et J. Telford, 1995.

*L'Édition des textes anciens XVI*e*-XVIII*e *siècle*, 2e édition, dir. B. Barbiche, M. Chatenet, Paris, Inventaire général [1990], « Documents et Méthodes », 1993.

OUDIN, Antoine, *Curiosités françaises, pour supplément aux Dictionnaires ou Recueil des plus belles propriétés, avec une infinité de proverbes et quolibets, pour l'explication de toutes sortes de livres*, Paris, A. de Sommaville, 1640.

INDEX DES NOMS

TABLE DES MATIÈRES

Achevé d'imprimer par Corlet Numérique,
à Condé-sur-Noireau (Calvados). N° d'impression : 147300
Imprimé en France